2016年贵州省教育厅青年课题
"新常态下县级财力运行研究——以贵州省为例"(2016QN36)
贵州财经大学引进人才科研项目
"中国转移支付对县级财力差距的影响研究"

转移支付
对中国县级财力差距的影响研究

Study on the Influence of Transfer Payments
on China's County Financial Disparities

徐 艺◎著

中国社会科学出版社

图书在版编目（CIP）数据

转移支付对中国县级财力差距的影响研究/徐艺著.—北京：中国社会科学出版社，2016.6

ISBN 978 - 7 - 5161 - 7838 - 6

Ⅰ.①转… Ⅱ.①徐… Ⅲ.①县—财政转移支付—转移支付制度—研究—中国 Ⅳ.①F812.45

中国版本图书馆 CIP 数据核字（2016）第 057557 号

出 版 人	赵剑英	
责任编辑	刘晓红	
责任校对	周晓东	
责任印制	戴　宽	

出　　　版	中国社会科学出版社	
社　　　址	北京鼓楼西大街甲 158 号	
邮　　　编	100720	
网　　　址	http：//www.csspw.cn	
发 行 部	010 - 84083685	
门 市 部	010 - 84029450	
经　　　销	新华书店及其他书店	

印刷装订	三河市君旺印务有限公司	
版　　　次	2016 年 6 月第 1 版	
印　　　次	2016 年 6 月第 1 次印刷	

开　　　本	710×1000　1/16	
印　　　张	14.5	
插　　　页	2	
字　　　数	209 千字	
定　　　价	56.00 元	

摘　　要

本书选取转移支付对中国县级财力影响为研究对象，以 2005—2009 年为观测期，深入分析了转移支付对县级财力差距的效应，以期对完善以平衡县级财力为目标的转移支付制度提供一些理论和现实支持。本书根据"相关理论分析—现状分析—理论假说—实证分析—结论与建议"的分析思路进行论述，得出了如下结论：总的来说，转移支付在一定程度上平衡了县级财力差距，促进了县级财力收敛，但是转移支付调节后的县级财力差距依然较大，转移支付对各地区县级财力差距的影响呈现了显著的特征，转移支付的项目结构和分配方式不利于缩小县级财力差距，限制了其均等化作用的发挥。具体而言，主要内容有以下几点：

第一，在归纳了中国县级转移支付的项目构成与变迁的基础上对县级财力进行现状分析，并提出理论假说。目前，中国县级转移支付包含了税收返还、一般性转移支付、专项转移支付以及上解性支出四种基本类型。这四种基本类型的政策目标和分配方式不尽相同，既体现出了县级转移支付的"共性"，也体现出了"个性"。对比转移支付前后的县级自有财力和可支配财力的变化情况，本书发现，县级可支配财力中有 50% 左右来源于自有财力，而另外超过 50% 的部分来源于净转移支付。在转移支付中，专项转移支付在 2009 年超过一般性转移支付，成为县级转移支付收入中的最大项目；一般性转移支付在 2005—2008 年占转移支付收入的比重最高，但是有不断下降的趋势；税收返还占比最小且不断下降。

在财力的地区分布中，东部地区县级自有财力占其可支配财力的比重最高，占全国自有财力总额的比重也最高，约有 2/3 的自有财力分布在东部地区；西部县级自有财力占其可支配财力的比重次之，占全国自有财力总额的比重略多于 1/6；中部县级自有财力占其可支配财力的比重最低，占全国自有财力总额的比重与西部地区接近，约为 1/6。在各项转移支付中，税收返还主要集中于东部地区，专项转移支付和一般性转移支付主要倾斜于西部地区，而中部地区在转移支付的分配中处于尴尬地位，这是中部地区的可支配财力是三大区域中最低的主要原因。根据现状分析和判断，本书提出了转移支付平衡县级财力的七大假说。

第二，通过对转移支付前后县级人均自有财力和人均可支配财力的不平等指标的测算，度量了转移支付前后县级财力差距，发现人均可支配财力的不平等指标较人均自有财力的该指标有所降低。

采取基尼系数分解法，对全国县级样本的财力项目要素进行分解，发现自有财力对县级财力差距的贡献率不断下降，而净转移支付对县级财力差距的贡献率不断上升，有一半以上的财力差距由净转移支付导致。其中，税收返还对财力差距的贡献最低，这可能与税收返还在县级转移支付中所占比重最低，且呈现不断降低的趋势有关；一般性转移支付的贡献率在 2005—2007 年是最高的，但是呈现出小幅下降的趋势，这可能和一般性转移支付中均等性转移支付的占比过低，且一般性转移支付占转移支付比重呈下降趋势有关；专项转移支付的贡献率在 2008 年以后超过一般性转移支付，成为贡献率最高的项目，这可能和专项转移支付规模不断膨胀有关。上解性支出对财力差距的贡献率为负，表明上解性支出缩小了县级财力差距，但是这一积极作用有限。

进一步地，对以总人口和财政供养人口平均的一般性转移支付中的因素法转移支付进行基尼系数分解后发现，以总人口平均的因素法转移支付对县级财力差距的贡献率远远大于以财政供养人口平均的贡献率，说明因素法转移支付并没有考虑到总人口的因素，而是考虑了财政供养人口。另外，一般性转移支付、专项转移支付、税收返还的固有分配方式也是拉大县级财力差距的一个重要原因。

通过对地区（东中西部县、农业县和非农业县、贫困县和非贫困县、民族县和非民族县）的项目要素分解，发现在发达地区自有财力和税收返还对县级财力差距的贡献率较高，落后地区一般性转移支付和专项转移支付对县级财力差距的贡献率较高，而上解性支出在发达地区对县级财力差距的积极贡献率高于落后地区。采取泰尔指数分解法对以上地区进行子集分解后，发现转移支付后地区间差距和地区内部差距均有所缩小，但是地区内部差距对财力总差距的贡献率却上升。这可能是因为中央转移支付在各区域和各省的延续性不同以及各省财政体制和转移支付制度的差别所导致的。

采用基于回归的因素分解法，对以转移支付为核心变量的影响县级财力差距的各因素（如人口、经济发展水平、省管县因素、区位因素、民族自治政策、贫困县称号等）进行回归分析和因素分解。回归分析结果显示，转移支付是影响县级可支配财力的重要因素；而省管县体制下，县级政府能够获得更多转移支付资金的途径，从而提高可支配财力。进一步地，通过分位数回归，分析了影响县级财力因素在十分位组的变化情况，结果显示，转移支付对较高财力组（50%—80%）的影响大于低财力组，说明扩大转移支付规模的最大受益者是较高财力组。因素分解结果显示，无论是静态分解还是动态分解，转移支付是县级财力差距贡献的最大因素，2005—2009 年，在各因素中，转移支付对县级财力的贡献率达到30.51%，成为县级可支配财力差距的主导因素。而在以上不同性质的各地区可支配财力差距的分解中，转移支付对合理差距贡献度均在 10.59%—36.20%，对不合理差距的贡献度在 0.36%—20.09%。

第三，为进一步探讨转移支付对县级财力收敛的作用，本书对县级人均自有财力和人均可支配财力进行了 σ 收敛、β 绝对收敛和俱乐部收敛，对县级人均可支配财力进行了 β 条件收敛实证检验。结果表明，县级人均自有财力和人均可支配财力除了 2007—2008 年出现发散以外，其余年份均存在 σ 收敛；县级人均自有财力呈现 β 绝对收敛态势，人均可支配财力存在 β 绝对收敛和条件收敛，转移支付对县级可支配财力增长率呈显著正的作用，促进了县级财力收敛。其中，税收返还和上解性支出对可支配财力增长率呈显著负的作用；一般性转移支付和专项转移支付对可支配财力增长率表现出正的作用，但是均不显著。

第四，结合实证分析的结果，本书提出明确县级转移支付制度的政策目标取向、修改并完善转移支付分配方式、优化县级转移支付结构、科学界定地方合理财力差距和促进县域经济协调、均衡、特色发展的政策建议。

本书力求在以下几个方面得以突破和改进：首先，在研究对象上，目前国内对转移支付与地方政府财力的研究一般集中于省级层面，或是对某一省内政府间转移支付对各县财力差距的影响，对于全国范围内的转移支付与县级财力差距关系的研究仍然较少，且时间也截至 2006 年。本书聚焦于 2005—2009 年转移支付对县级财力差距的影响，从而对前述学者的研究进行了推进和延伸。

其次，在研究方法上，一方面，现有的研究多采用的是转移支付的项目要素分解和地区子集分解，但是对转移支付及其他影响县级财力的主客观因素对县级财力差距的贡献率的研究仍属空白。本书以 Fields – Yoo 静态和动态分解法研究了转移支付作为县级财力差距主导因素的贡献率，以 Oaxaca – Blinder 方法分析了转移支付对不同地区的县级财力差距的贡献率，从而全面度量了转移支付作为县级财力差距的主导因素的影响程度。另一方面，目前国内对县级财力收敛性的分析尚属空白，本书从这一视角出发，探讨转移支付前后县级财力收敛性的变化情况，以及转移支付不同项目对县级财力增长率和收敛性的影响，以期为政府财力的收敛性问题提供一个相应的研究框架。

当然，本书在以下方面还存在缺陷：一是由于受到所收集资料和统计数据的限制，本书在研究县级政府财力问题时所得到的县级财政收入仅限于一般预算收入，因此，这会对衡量县级财力造成一定的影响。二是由于统计数据庞杂和笔者精力的限制，本书并没有对县级财力的外部性进行深入分析和探讨，当然，这也将是笔者未来继续研究的一个重要方向。三是由于目前中国省以下财政体制并

没有唯一模式，这就使本书在分析县级财力差距的原因和县级转移
支付制度时只能作为一般性的分析，而无法触及特殊化。

关键词： 转移支付　县级财力　财力差距　不平等分解　收敛
性分析

目　录

表 目 录

图 目 录

第一章　导论

第一节　问题的提出

"让公共财政的阳光普照神州大地"是建设社会主义和谐社会大背景下对政府提供公共品职责的切实要求。现阶段，中国公共财政的一项重要目标就是实现基本公共服务均等化，即无论居民所处何地，都应该享受到数量和质量大体相等的基本公共服务。[1] 基本公共服务均等化实现的前提是以财力平衡为核心的财政均等化。[2] 县级财政直接面对广大居民，承担了基础教育、医疗、社会保障等大量的基本公共品供给任务，支出责任刚性很大。然而，担负着巨大财政支出责任的另一方面，却是处于基层地位的县级财政在财政收入划分过程中处于博弈的被动地位，收入自主权难以得到保障。[3] 这种事权的上移和财权的下移，使得县级财政成为中国五级政府中最脆弱的一级。[4]

同时，中国地区间自然禀赋存在巨大差异，经济社会发展快慢

---

① 安体富、任强：《公共服务均等化：理论、问题与对策》，《财贸经济》2007 年第 8 期。

② 胡德仁：《中国地区间财政均等化问题研究》，人民出版社 2011 年版，第 1 页。

③ 钟晓敏、叶宁：《中国地方财政体制改革研究》，中国财政经济出版社 2010 年第 1 版，第 121 页。

④ 王雍君：《地方政府财政自给能力的比较分析》，《中央财经大学学报》2000 年第 5 期。

不一,呈现出明显上升的极化演变趋势。[①] 这种差距表现在经济总量、人均收入水平和政府财力等多个方面。一般情况下,在相同的税收努力下,经济发展程度高、人均收入水平高的地区政府比经济发展滞缓、人均收入水平低的地区政府能够获得更多的财力,而由此带来的财力差距将会直接表现为公共服务能力和水平的差异。县级财力情况尤为如此。县级财政间巨大的自有财力差异既影响到了支出责任的履行,导致县级财力缺口,也进一步拉大了面对城乡的基本公共服务的均等化供给。这种交织在一起的纵向与横向财政不公平,导致原本困难重重的县级财政又面临着急剧的两极分化。

由此可见,导致县级财政困难和财力差异不仅有经济发展水平、地理因素、人口因素等客观原因,还有制度上的因素。因此,为了缓解县级财力紧张,缩小县级财力差距,弥补县级财力缺口,解决体制设计上的一些问题,上级政府往往通过转移支付给予县级政府支持,县级可支配财力大幅度上升。以 2011 年为例,全国县级一般预算收入[②]总额达 2.43 万亿元,县级政府获得的上级转移支付资金达到 2.63 万亿元,可支配收入中上级转移支付的比例达到 51.98%,其中,819 个基本财力缺口县获得上级政府转移支付 8162 亿元,占县级转移支付资金的比重达 30.03%。[③] 不可否认,上级转移支付资金充实了县级财力,强化了县级财政公共服务能力,在一定程度上保证了民生需求的满足。然而,事实上,目前中国区域经济差距仍在拉大,发达地区产业结构优势进一步凸显,加之财政和税收制度设计的不公平[④][⑤]、转移支付标准设计的不科学和

① 芦惠、欧向军等:《中国区域经济差异与极化的时空分析》,《经济地理》2013 年第 6 期。

② 2012 年起,各级政府的一般预算收入改名为公共预算收入,本书由于分析的是 2005—2009 年的县级财力情况,因此,仍采用"一般预算收入"这一提法。

③ 谢旭人:《国务院关于县级基本财力保障机制运行情况的报告》,http://www.npc.gov.cn/huiyi/ztbg/gwygyxjjbclbzgzqkbg/2012-08/30/content_1735734.htm。

④ 项中新:《中国地区间财力差异及其调节的对策建议》,《中国软科学》1999 年第 1 期。

⑤ 乔宝云、王道树:《中国税收收入区域差异的实证分析》,《涉外税务》2004 年第 12 期。

结构的不合理①等诸多因素的影响，县级财政困难虽然得到一定程度的缓解，但是县级财力差距并未得到有效控制，本应扭转差距趋势的转移支付反而进一步扩大了县级财力差距，反映财力差距的基尼系数从 1993 年的 0.403 上升至 2005 年的 0.556。② 严峻的现实严重背离了制度设计的初衷，也使得基本公共服务均等化的进程受到了阻碍。

现有的转移支付对县级财力的影响得出了基本一致的结论——县级财力差距并未通过转移支付而有所缓解，反而继续扩大。然而，限于研究精力和数据可得性，基于全国样本的研究却都止步于 2006 年。本书聚焦 2005—2009 年③中国县级财力差距的现实情况，在充分考量县域经济发展水平形成的财政能力差距外，全面重点考察转移支付对县级财力差距的影响程度，即转移支付的横向均等化作用，以期回答下面的问题：相对于之前的研究，2005 年之后的转移支付是否缩小了县级财力差距？转移支付是不是造成县级财力差距的导因？不同转移支付类型对县级财力差距的贡献程度如何？转移支付对不同类型的县的影响特征如何？转移支付能否促进县级财力收敛？对这些问题的研究结论，将能说明中国转移支付的政策取向，并为接下来搭建以公平性为主导的转移支付制度做出尝试。

第二节　研究背景和意义

一　研究背景

（一）财力结构调整是导致县乡财政困难的制度因素

1994 年推行的分税制财政体制改革，是在中央财政困难而不得

---

① 尹恒、康琳琳、王丽娟：《政府间转移支付的财力均等化效应——基于中国县级数据的研究》，《管理世界》2007 年第 1 期。

② 尹恒、王文斌、沈拓斌：《中国县级地区财力差距及其影响因素研究》，《北京师范大学学报》2010 年第 6 期。

③ 截至 2016 年 1 月，财政部预算司发布的《全国地市县财政统计资料》最新数据仅到 2009 年，其是全国县级财政统计资料中转移支付数据最齐备的年鉴。

不向地方政府借钱、宏观调控能力严重受挫的窘境中推行的。分税制财政体制初步理顺了中央和地方的财政关系,有效提高了中央财政收入占全国财政收入的比重和全国财政收入占 GDP 的比重,大大增强了中央政府的财力和宏观调控能力。"两个比重"的提高主要是通过税制改革扩大税基、分税制财政体制明确中央和地方的财政分配关系来实现的。可以说,分税制财政体制改革的实质是财力结构的调整,是财政在财权上的振兴。① 但是,分税制财政体制仅仅确定了中央和省的财政关系,对省以下财政体制并没有做出明确规定,只是强调各省可以根据实际情况选择合适的财政体制。这种做法虽然能够促进不同财政体制的竞争,但是其直接导致的结果却更为突出:无论采取分税还是财政包干体制,省级政府都效仿中央,尽可能地集中地方财政收入,而市级政府又效仿省级政府集中财政收入,因此,分到县乡政府手中的财政收入所剩无几,县乡财政困难的现象就此产生。

然而,县级财政面临的窘境不仅如此,2006 年在全国范围内取消的农业税更使得原本并不富裕的县级财政雪上加霜。不可否认,取消农业税有效减轻了农民的负担,促进了第一产业的发展,但是由于农业税及以其为载体的农业附加税是县级财政,特别是农业县财政收入的重要来源,即便是上级政府加大了转移支付力度,也很难弥补农业税取消后的财政收支缺口。与县乡财政困难形成鲜明对比的是,得益于经济的快速发展和征管水平的提高,国家财政收入持续快速增长,中央财政状况不断改善。然而,即便是面临着巨大的财政困难,县级财政仍然承担了大量的事权。分税制财政体制明确规定了各级政府的事权,基于公共品的受益范围和供给效率,绝大部分公共品供给任务下压到了县级财政的身上。于是,县级财政一方面需要大量的财政支出满足支出需要,另一方面却仅能获得较少的财政收入,造成县级财政入不敷出,这种情况在贫困地区尤为突出。

---

① 钟晓敏、叶宁:《中国地方财政体制》,中国财政经济出版社 2010 年第 1 版,第 6 页。

（二）地区间经济差距是导致地区财力不均衡的客观因素

在由纵向财政失衡导致的县级财力困难的同时，中国在地区经济总量、人均收入和政府财力方面的横向差距也在不断扩大。地区经济发展差距是普遍存在于发达国家和发展中国家的一个共性问题，是各国经济发展过程中面临的一个必然现象。特别是在中国这样一个幅员辽阔、人口众多、自然资源禀赋差异极大的国家，地区间经济发展不均衡问题即便是在完全计划经济时代也不可避免，更何况是在资源可以充分流动和配置的市场经济环境中。① 从省际之间的经济差异来看，2013 年人均 GDP 最高的天津是人均 GDP 最低的贵州的 4.35 倍。从一省内部的县域经济差异来看，无论是经济发达的江苏、浙江还是欠发达的广西、甘肃、贵州，都明显存在着巨大差异。而放眼全国，县级经济的差距更为突出，前有以昆山、江阴等为代表的经济百强县，后有 592 个全国贫困县，2013 年前 100 位经济强县的人均 GDP 是后 100 位贫困县的 7.61 倍。经济决定财政，区域经济发展上的差距直接导致了地方政府财力的差距。2013 年，人均财政收入最高的北京是人均财政收入最低的西藏的 7.36 倍。在经济发达的江苏省，人均财政收入最高的张家港市是人均财政收入最低的睢宁县的 7.48 倍；处于中部的安徽省，人均财政收入最高的繁昌市是人均财政收入最低的阜南县的 31 倍。② 地方财力的差距最直接的表现就是地方政府公共品供给能力和地方公共品供给水平的差距。在省级层面上，北京、天津、上海处于公共服务能力最强的金字塔顶端，而贵州、广西、江西则公共服务能力最弱③，很明显，这和地区经济发展水平是一致的。而在县级层面上，总体而言，东部地区县级政府提供的公共服务较西部地区的更为丰富，不仅提供了养老、医疗、基础教育等基本公共服务，还主动提供了公共图书馆、博物馆、居民健身设

---

① 陈志武：《代议制与市场：划分四类国家——收入机会的政治经济学》，《经济观察报》2006 年 1 月 2 日第 41 版。

② 数据根据《2014 年中国县域统计年鉴》计算得出。

③ 刘波、崔鹏鹏：《省级政府公共服务供给能力评价》，《西安交通大学学报》2010 年第 4 期。

备等一些扩展性的非基本的公共服务。而西部地区很多县级政府仅能维持自身日常运转和人员工资发放，对基本公共服务的提供都已经相当吃力，更不要说主动提供扩展性的公共服务。

（三）经济社会发展的需要和新一轮财政体制改革是县级财政地位日益凸显的推手

尽管目前县级财政自给能力不足，财政自主权受到诸多限制，但是，新时期经济社会发展的需要和新一轮的财政体制改革却又赋予了县级财政更加重要的使命。首先，缓和地区间收入差距过大引起的社会矛盾，促进社会公平，中国的财政政策目标也从提高资源配置效率逐渐转变成实现合理的收入分配。2005 年 10 月中共第十六届五中全会通过《中共中央关于制定国民经济和社会发展第十一个五年规划的建议》中，明确提出"按照公共服务均等化原则，加大国家对欠发达地区的支持力度，加快革命老区、民族地区、边疆地区和贫困地区经济社会发展"。2006 年 10 月中共十六届六中全会通过的《中共中央关于构建社会主义和谐社会若干重大问题的决定》中进一步指出，"完善公共财政制度，逐步实现基本公共服务均等化"。2013 年 10 月，中共十八届三中全会《中共中央关于全面深化改革若干重大问题的决定》中指出基本公共服务均等化是更好保障和改善民生、促进社会公平正义、深化社会体制改革的一个重要内容。2015 年 10 月的十八届五中全会，更在此基础上明确了"十三五"期间推进基本公共服务体系建设、增加公共服务供给的目标。由此可见，公共服务均等化成为现阶段财政政策和制度的主要目标。作为中国财政层级的重要组成部分的县级财政，其直接面对最基层的群众，既是协调城乡发展和提供地方性公共品的生力军，也是实现公共服务均等化的重要力量。所谓"郡县制，天下安"，给予县级充足的财力是保障基本公共服务供给的前提和基础。其次，随着"省直管县"财政体制的铺开，"乡财县管"财政管理方式的成功实践，财政层级的扁平化趋势已经成型。在这一大背景下，县级财政不仅肩负着省级财政赋予的权利扩张，也有了更多对乡级财政的监督和管理权限，县级财政的地位越来越重要。因此，加大对县级财政的研究是非常必要而且关键的。

（四）转移支付是纠正横向不公平和纵向不公平的重要工具

纵横交织的财政不公平，一方面使县级财政陷入财力困境，另一方面又不断拉大县级财政间的财力差距。县级财力匮乏和财力差距将会导致一系列的负面影响。第一，财力是政府提供公共品的物质保障，县级财力差距扩大将会使地区间公共服务水平失衡，不利于公共服务均等化的实现。第二，县级财力匮乏会导致农村公共投入严重不足，从而制约了"三农"问题的根本解决。第三，由于财政反作用于经济，财力匮乏制约了公共品供给的质量和数量，必然也会对县域经济的发展造成一定的影响，从而进一步加剧区域发展的不平衡，形成"财力差距—经济差距—财力差距"的恶性循环。第四，财力匮乏将会促使基层政府利用手中权力谋求更多"制度外"的收入，加重居民负担，侵蚀私人部门的利益。

为缓解纵向不公平，弥补分税制改革带来的基层财政缺口，同时，也为了更好履行财政的收入分配职能，逐步兑现改革之初缩小由经济发展不均衡带来的地区间财力不均等状况的政治承诺，避免财力差距过大带来的消极影响，转移支付成为协调政府间财政关系，调节地方财力差距，缓解基层财政困难，促进基本公共服务均等化的重要工具。2010年财政部颁布了《关于建立和完善县级基本财力保障机制的意见》，明确提出以实现县乡政府"保工资、保运转、保民生"为主要目标，通过加大对县级转移支付，全面推进县级基本财力保障机制建设，提高县级基本公共服务能力。随着县级财政地位的不断凸显以及上级政府财政收入的持续增加，上级政府对县级转移支付的规模不断扩大。目前，中国县级可支配财力中约有50%来源于上级政府的转移支付，这充分说明了上级转移支付是县级财力的重要来源，也反映出县级财力对上级转移支付的严重依赖。

二　研究意义

（一）有助于更加深入地认识到基层财力分配和财力差距现状，并由此可以找到激励地方财政努力，平衡各地财政差距的现实依据

基层财力差距直接导致基层供给公共服务能力的差距，因此，合

理测算和度量基层财力差距，确保基层财力分配的科学性和制度性，不仅有利于寻求发挥地方主观能动性更为有效的途径，还有利于实现公共服务均等化。本书在县级转移支付的背景下，对县级财力的分布、构成和差距进行的研究，便是对这一问题做出的初步探索。

（二）有助于对中国转移支付制度的目标取向做出合理判断

一国转移支付制度的建立必须是在确定其转移支付目标取向的前提下进行的。转移支付的目标取向其实也就是公平与效率的权衡。在不同的国家、一个国家的不同经济发展阶段，转移支付的目标取向也不尽相同。本书将深入分析转移支付对平衡县级财力差距的作用，探讨转移支付究竟拉大了县级财力差距还是缩小了这一差距。这将有利于我们进一步衡量转移支付的公平性和效率性，并为进一步完善转移支付制度确定合理的目标和原则。

（三）有助于进一步完善中国转移支付制度，实现地区间财政平衡

转移支付作为一项重要的财政手段，其对缩小地区差距、平衡地区财力有着直接影响。从1994年分税制财政体制改革至今，经过20多年的实践探索，中国财政转移支付制度已在中央政府与地方政府之间以及地方各级政府之间初步建立起来。但是与规范的财政转移支付制度相比，中国的财政转移支付制度还有很多不完善之处，特别是均衡地区财政能力、缩小地区差距方面的功能还没有完全发挥出来，导致其弥补横向不均衡的作用被弱化甚至被异化。本书将从转移支付对县级这一重要的财政层级的影响入手，加深我们对财政转移支付制度横向财力均等化作用的认识，为完善中国财政转移支付制度，进一步发挥财政收入分配职能，利用财政转移支付政策缩小地区差距，实现区域财政平衡提供借鉴。

第三节　文献综述

一　关于财力概念的研究

目前，国内学界对于财力概念的界定主要分为以下几种主要观

点：一是认为财力就是财政收入，可以采用（人均）本级财政收入和（人均）可支配收入来衡量。项中新（1999）、贾康（2011）、杨志勇（2008）、李齐云（2009）、尹恒（2007，2009）等在衡量地方政府财力、财力缺口或财力分配格局的时候都采用这两个指标来反映政府财力，但他们并没有完全界定财力的概念。李萍（2010）对财力进行了明确界定，认为财力是指地方可自主安排使用的收入，包括地方组织的一般预算收入、中央对地方的税收返还和一般性转移支付。

二是认为财政收入仅能代表转移支付前的财力，而转移支付后的财力应该由财政支出来表示，因为财政支出代表其接受转移支付后的实际可用财力，更能真实反映出地区之间的财力差距和公共服务水平的均等化程度（Tao Zhang and Hengfu Zou，1998；刘亮，2006；田发，2010）。

三是认为财力是政府可以自行运用的经济资源的总称。蔡方、孙文祥（2004）认为，政府财力是政府职能和满足社会公共物品供给的物质保证，它指政府在一定时期（预算年度）内拥有并可以自行支配和使用的能以货币计量的经济资源的总称，这一概念界定所涉及范围超出一般意义的本级财政收支，但限于数据可获得性，因此在进行财力差距分析的时候仍然选择人均可支配收入作为衡量指标。

与财力颇为接近的一个概念是财政能力。国外学者对有关财政能力的相关概念没有明确定义，普遍认为财政能力的概念来源于政府能力（C. Lindley，1975；A. Brown，1980；R. T. Lenz，1980）。在国内，王绍光和胡鞍钢（1993）最早对国家能力进行研究，他们认为，国家能力包括汲取能力、调控能力、合法化能力和强制能力，而财政汲取能力是国家最重要的能力，明确主张以汲取能力和调控能力作为衡量国家能力的指标。李文星、蒋瑛（2002）认为，财政能力是指一级政府为提供公共品和服务从辖区内获得财政收入的能力，科学、客观、有效地衡量地方政府的财政能力是转移支付资金分配的基础，而地方政府财政能力的核心体现在财政资源汲取能力、地方性公共品提供能力上。有的研究把财政能力和财力这两个概念等同起来。于淑俐、唐晓波（2004）在分析省际间财政能力差距时提出，省际政府间财政能力的差距，就是指那些具有相同层级的省级政府之间在一定时期所拥有的、可以自主支配与使用的财力的差距。这种财政能力的差距不仅反映了省际政府间经济发展水平的差距，也体现了省际政府间公共服务能力及政府规模的差距。吴湘玲等（2006）、马恩涛（2007）虽然借鉴了前者对财政能力的定义，但是在研究过程中仍然采用的是衡量财力的方法。有的学者明确区分了财力和财政能力的概念，基本达成的共识是财政能力所包含的内涵和外延都要比财力大，财力只是财政能力的一个因素或变量。辛波（2005）、陶勇（2010）认为，财政能力是政府以公共权力为基础，为满足当地居民的公共需要、稳定公共经济、进行收入再分配目标而筹集财力、提供公共品的能力的总和。李学军、刘尚希（2007）把财政能力定义为，一级政府在财政资源方面的运筹能力，包括财政资源的汲取、使用及其整个过程中的组织与协调，即财政能力是指财政资源与财政制度综合作用所表现出来的一种结果。

二　关于地区财力差距现状和原因的研究

地区间财力差距过大是大部分转轨经济国家所共同面对的一个课题。国外一些学者对这些国家财力差距的现状及形成机制也进行了深入的研究。B. Hoffman 和 S. C. Gurra（2005）对东南亚几个国家与中国的财力差距问题进行了较为深入的研究后发现，中国、印度尼西亚、菲律宾和越南四个国家目前的地区间财力差距都很大。虽然转移支付制度起到了一定的稳定和弥补作用，但经平衡后的差距还是相当大的。他们提出了三种可能的途径解决问题：信息管理制度的完善；转移支付构成的合理化；中央政府作用的充分发挥。J. E. Kee（2003）通过比较中国和巴西的政府间财政状况，为如何平衡政府间财政不平衡提供了政策建议。Ladd 和 Yinger（1991）研究了美国州以下地方政府收入权划分、多级政府收入管辖权、公共职能范围等财政制度对地方政府财政能力的影响。C. Howard（1998）基于财政竞争的视角，对纽约的财政能力进行了评估，发现纽约居民的实际税负大大超过了标准税负，遗憾的是，他没有考虑上级政府对纽约州转移支付以及公共服务支出成本的差异。

地区财力现状和差距也一直是中国学界研究的热点问题。绝大部分学者都认为目前中国分税制财政体制由于存在事权下移、财权上移且转移支付不规范等突出问题，必然导致地方财政捉襟见肘。从纵向财力分配的角度来看，王雍君（2000）纵向分析了中国五级政府分税制改革前后财力变化情况，发现分税制以后，除乡级财政尚可基本自给外，省、地和县三级财政全部不能自给，其中县级财政缺乏自给能力的程度最高，成为最脆弱的一级财政。辛波（2005）分析了中央与省之间的纵向财力配置和省际之间的横向财力配置，认为实现纵向和横向财力配置的手段是中央与省之间的税权配置和转移支付。田发等（2009）的研究也支持前者的观点，他认为地方纵向财政间财力分配不太均衡，表现为级次越高的政府财力越充裕，而最末端的县乡政府财力普遍不足；在接受中央转移支付后，地方横向财政间财力均等化程度有所提高，不过地区间初次财力分配与财力再分配后的差距程度仍旧较大。马恩涛（2007）认为，由于支出分权与收入集中，中央政府财政能力得以提高，也导致了中央和省之间的纵向财政能力不均衡。如果以人均财政支出作为衡量省际间财力的标准的话，在实施转移支付以后，省际间人均财政支出差距相对于人均财政收入来说有了明显的缩小。闫泽滢等（2009）认为，税收立法权的格局决定了政府间纵向财力的划分，使财力高度集中在中央，地方政府财力权限受到极大的制约，从而限制和影响了地方政府基本公共服务的能力。

相比较纵向的财力分配的衡量而言，横向的财力分配，也就是地区间的财力差距调节问题更为复杂。项中新（1999）从总人口人均财力和财政供养人口人均财力两个方面都证实了地区财力差距很大，造成差距的主要原因除了地区经济发展水平外，还与现行体制没有触动既得利益，没有将调节地区差距作为政策目标有关。乔宝云等（2004）实证说明了中国区域间税收收入差距程度呈现逐步扩大的趋势，造成这种情况的原因是现行税制具有扩大区域间税收收入差距的内在特征。刘亮（2006）首先运用以人口为权数的加权变异系数为分析方法，认为对财力差距起主要作用的是财力的初次分配即财政收入，起次要作用的是财力的再分配即中央转移支付，其中，将营业税划归地方税、税收返还等保持既得利益的转移支付是造成地区间财力差距的主要原因，并且随着经济的发展将导致地区差距的进一步扩大。随后，她以泰尔指数和分项收入分解方法验证了以上观点，并对以上研究进行了纵向延伸，认为地区间的产业结构层次、区域性的税收优惠政策和财政包干体制是导致地区间财力差距的重要原因（胡德仁、刘亮，2007）。江庆等（2009，2010）的研究支持了这种观点，他在对省际间财力差距进行分析后得出本级财政收入是对财力差距贡献最大的项目，税收返还和专项转移支付是造成省际间差距的主要原因，唯一起到均等化作用的是农村税费改革转移支付，旨在均衡地区间财力差距的一般性转移支付并没有起到相应的作用。在对安徽省县级财政差距进行分析后，他认为本级财政收入中的营业税和增值税是县际间财力差距贡献的主要因素，转移支付项目中的专项转移支付、原体制补助税收返还是造成县级财力差距的主要原因，一般性转移支付没有起到均衡县际间财力差距的作用。卢洪友等（2009）使用因子分析法从财政汲取能力和公共品供给能力两个层面考核了省级政府的财政能力，实证表明中国地方政府之间的财政能力参差不齐、弱者居多，不利于基本公共服务在地区之间的大致均等化供给。

　　然而，也有学者持相反观点，他们认为若把地方政府的预算外收入考虑在内的话，地方政府的财力是较为充沛的。平新乔（2007）将地方政府预算外的收入和土地出让收入考虑在内，指出2004年地方政府的可支配财力就已达到3万亿元，占GDP的比例为19%。地方政府有足够的财力履行其事权。汤林闽（2012）认为，地方政府财力的不足，仅表现在口径最小的财力层面（即地方本级财政收入）；而在口径较大的另外两个层面（一个层面包括地方本级财政收入、中央税收返还和补助收入两个部分；另一个层面包括地方本级收入、中央税收返还和补助收入，以及预算外收入、政府性基金收入和土地出让收入等），地方政府财力均可称得上充足。

　　县级财政状况直接影响基本公共服务的供给水平，从而影响到城乡居民的福利水平，因此，县级财政成为近年来学界研究的一个重要方向。然而，由于中国县级政府数量多，数据繁杂，以至于对县级财力的研究成果并不丰富。现有成果普遍认为，中国目前县级财力差距较大，并且这种差距有不断扩大的趋势。Tsui（2005）最早考察了县级财力不均等，然而他没有考虑地区间物价指数差距，也没有对影响县级财力不均等的因素进行系统分析。尹恒（2007）借鉴衡量收入分配不公平的方法对1993—2003年中国县级财力差距进行了分析，得出结论是县级财力差距悬殊且呈现上升趋势。其中，分税制改革后，转移支付拉大了近一半的县级财力差距，成为县级财力差距扩大的一个重要因素。他还采用泰尔指数分解了不同县级组财力差距，包括农业县与城市区、农业县区和非农县区、东中西部县区以及不同省份的组内和组间差距，发现绝大部分的不均等是组内差距导致的，而组间差距的影响很小。随后，尹恒等（2010）还把研究期限延伸至2005年，仍然得出中国县级地区财力差距悬殊，财力不均等存在上升趋势，财力的持久性也呈不断上升的趋势的结论。此外，地区间经济发展水平、人口规模、城市化程度、产业结构、地理位置以及特殊政策倾斜和制度等因素对地方自有财力存在显著影响，其中经济发展水平、产业结构和省际差距是引起县级地区财力差距的主要因素。刘寒波等（2006）运用泰尔指数计量模型，对中国县级财政能力进行了分析。结果表明，中国县域财政能力差距呈继续扩大的趋势。虽然经济发展水平的差距仍然是产生中国县域财政能力差距的最重要因素，但产业结构差距、城镇化水平的差距以及地理位置的不同对县域经济发展差距的影响越来越大。李建军等（2011）借鉴 Ladd 和 Yinger 的财政健康分析方法对湖北省县级财政健康进行评估，发现样本期间县级财政健康水平呈先降后升形态，且县级财政健康水平总体仍较低。同时，通过进一步研究证明，财政分权和省直管县财政改革都显著地提升了县级财政健康水平。贾俊雪等（2011）分析了2000—2005年全国县级数据，得出的结论和李建军的结论有所差距，他们认为财政收入分权水平提高有助于增强县级财政自给能力，从而有利于县级财政摆脱困境；而财政支出分权水平提高则会显著加剧县级财政困难程度。撤乡并镇改革和"省直管县"体制创新，在增强县级财政自给能力和改善财政状况方面并没有取得明显成效，其中省直管县体制创新反而不利于县级财政自给能力的增强。

虽然对县级财力的研究成果有限，但是大多数学者从县乡财政困难的角度对县级财政情况进行了定性分析或者是案例分析。普遍观点认为县乡财政困难已成普遍事实，而形成县乡财政困难的根本原因在于体制原因或政策原因（贾康、白景明，2002；姜长云，2004；谭建立，2006）。遗憾的是，这些文献都只是局限于对客观现象的描述，并没有采用计量方法度量县乡财政状况和财力差距。

三　关于转移支付与地区财力差距的研究

财力是实现公共服务均等化的物质保证。因此，平衡地区间的财力差距，既是财政政策致力的一个重要目标，也是财政公平的要求。Buchanan（1956）认为，要想达到每一个处于平等地位的人都能够得到"平等的财政对待"，可以通过中央政府对州政府的转移支付使各州的财政能力达到均衡的方法实现。Buchanan 倡导的运用转移支付实现地区财政平衡的观点影响了众多国家和学者，加拿大、澳大利亚、美国、日本等国成为财政平衡观的实践者。A. Shah（1996）对当时加拿大的均衡财政体制进行评价时，认为均衡性财政体制只关注人均税负的均等，但是却忽略了支出方面的需求，他建议，应该根据对再分配的影响和未来联邦政府减少均等性转移支付的总量计划来制定财政支出需求。R. Boadway 和 M. Hayashi（2004）认为，加拿大的转移支付再分配手段会使省级收入的稳定性受到影响，因此均衡系统实际上是不稳定的，其加强了省份潜在收入来源的波动性，这些潜在波动的收入来源超过了不均衡情况下存在的数量。M. Smart（2004）认为，转移支付的均衡化方案会破坏省级财政，主要反映在接受补助省份的均衡收入比自有收入更不稳定，从而出现财政收入风险。

在中国，从实证研究的结果来看，转移支付对缩小地区财力差距的作用微小，甚至在一定程度上扩大了差距。曾军平（2000）通过比较 1994—1997 年转移支付前后省级人均财政收入和支出的基尼系数及变异系数后发现，转移支付的均等性作用并没有得到发挥。刘溶沧等（2002）以省际人均财政收入和支出的变异系数为指标，认为在转移支付后，各省财力差距并没有发生明显变化，转移支付是乏力的。田发（2010）的研究也支持了前者观点，认为转移支付起到一定的横向财力均等化效果，但各地区财力差距仍然很大；在转移支付的各类型中，一般性转移支付和专项转移支付的均等化效应最强，而税收返还的均等化效应最差。李佳明等（2007）也认为一般性转移支付所占比重过低严重制约了转移支付的均等化作用。贾晓俊等（2012）在省级层面上针对均衡性转移支付资金的分配结果进行了实证研究，发现人均转移支付与各省财力水平呈显著正相关，也就是说，财力越强的省份，获得的人均转移支付资金越多，这是由于目前按照财政供养人口为因素的分配方式导致的。

当然，由于研究方法、指标选择和采集数据的不同，有的学者对于转移支付的均等化效果持乐观态度。李齐云等（2009）在对 1998—2005 年省际财政数据分析的基础上，认为总财政转移支付的确缩小了地区间总财力差距。其中，税收返还是总财力差距促增因素，但长期来看其对总财力不平等的变动效应为负；观测期的大部分年份中，财力性转移支付①和专项转移支付对财力差距的贡献明显为负，且对总财力不平等的变动效应的影响为负，因而拉动了总财力不平等的下降。付文林（2010）考察了均等化转移支付制度对地方财政行为的激励效应，结论显示，总体而言，转移支付有助于提高落后地区人均财力，但在一定程度上也不利于地方征税积极性的提高，另外，转移支付规模扩大可能会助长地方财政支出偏向于行政性支出的倾向。

特别是学界基于全国县级财政数据研究得出的结论基本一

---

① 2009 年之后，财力性转移支付改名为一般性转移支付，具体变更情况在第二章有详细介绍。

致——上级转移支付对县级财力差距并未起到应有的调节作用,县级财力差距反而进一步被拉大。尹恒对转移支付对县级财力差距的影响做过一系列分析。他认为,1994年分税制改革后,转移支付造成了近一半的县级财力差距,非均等性不断显现。其中,专项转移支付和税收返还是促使县级财力拉大的重要因素,而专项上解是唯一起到均等化作用的转移支付类型(尹恒等,2007)。赵颖(2012)采用极化指数方法,测算了转移支付对县级财力的影响,进一步佐证了尹恒的研究,即县级财力差距主要是组内差距不均等贡献的,但他也肯定了转移支付对县级财力或多或少起到了改善作用。尹恒等(2009)分别从均等现实财政责任视角和公共财政视角,对转移支付和县级财力缺口的关系进行了研究。研究结果认为,上级转移支付更重视现实制度下的县级政府责任,忽视了提供公共服务的任务;在均等现实财政责任的视角下,因素法转移支付、专项转移支付、结算补助等在一定程度上倾向于缺口较大的地区,而在公共财政视角下,转移支付的均等性效果并不显著。周美多等(2010)对转移支付对省内县级财政差距的研究也得出了与前人一致的结果,即保护既得利益的税收返还是财力非均等效应最强的,净体制补助和专项上解则具有一定的财力均等效应。他们进一步从分区域的角度来说明转移支付的均等效应,就专项转移支付而言,东部地区非均等效应并不明显,而西部地区的非均等效应与税收返还一样显著。进一步地,卢洪友等(2012)关注转移支付资金的增量部分的边际受益分配情况,他采用边际受益归宿分析技术评估了2003—2007年中国县(市)一级财政转移支付资金的边际受益分配状况,认为贫困县(市)得益于一般转移支付的增量,富裕县(市)得益于调整工资补助和农村税费改革补助的增量,而专项转移支付增量资金的受益分配也存在配置失效问题。贾俊雪等(2012)认为,中国省级以下财政转移支付在税收激励方面并不成功,未能在促进县级地方税收收入增加、维护县级地方税收体系有效性方面发挥积极作用。王广庆等(2010)更加关注省在县转移支付中的作用,研究认为,经济发达省份倾向于把转移支付资金分配给县级;而贫穷省份则倾向于截留中央对县的转移支付资金。

此外，由于中国各省经济社会发展客观情况千差万别，转移支付对各省内部影响也大不一样。从河北省的情况来看，根据刘亮（2011）的研究成果，2007—2008年，转移支付发挥了一定均等化效应，主要体现在对人口密度低的地区和民族自治县的照顾；而转移支付的非均等性体现在对人均财政收入高的地区也有倾斜；总体而言，转移支付的政策取向仍是为了维护地方的既得利益，而非均等化，从而使地方财政努力与转移支付呈负相关，转移支付对地方财政努力产生了反向刺激作用。然而，与尹恒、贾晓俊等的观点相反，他认为转移支付对标准财政供养人口比例高的地区倾斜体现了转移支付的均等性。对安徽省县级财政差距的实证分析则表明，转移支付项目中的专项转移支付、原体制补助税收返还是造成县级财力差距的主要原因，一般性转移支付没有起到均衡县际间财力差距的作用（江庆等，2010）。对江苏省而言，转移支付政策尽管不是拉大地区间财力差距的主要因素，但调节作用不显著（欧阳华生，2007）。而通过对江西省的实证分析结果表明，转移支付在促进县级财政的平衡上具有激励取向，也就是说，上级政府通过财政转移支付激励下级政府努力增强自己的财政集中能力，从而实现下级政府财政平衡，因此转移支付的平衡取向并不明显（江依妮，2007）。

四　关于政府财力收敛性的研究

近年来对收敛理论的研究大多集中在国家或地区间的经济增长或收入分配等方面（Barro and Sala-Martin，1992a；Mankin、Romer and Weil，1992；Sala-I-Martin，1996；林毅夫和刘培林，2003；蔡昉和都阳，2000；刘强，2001；王志刚，2004；沈坤荣和马俊，2002；潘文卿，2010等），所取得的研究成果对于理解国家或地区之间的经济增长差异提供了有价值的参考。同时，也有一些学者将这种研究方法引入到对财政支出或财政收入的收敛性分析上来。如前文所述，由于目前对财力的衡量指标主要有财政收入和支出两种，因此，我们可以认为对财政支出和收入收敛性的分析，其实也就是对财力收敛性的分析。Annala（2001，2003）对美国50个州

1977—1996 年公共投资和财政政策的趋同性进行了研究，认为如果税收是产出的一个常数比例且产出是收敛的，根据 Solow（1956）模型的含义，那么税收和财政支出也将是收敛的。其研究结果表明，在政府收入方面，人均总税收、人均财产税、人均营业税和人均所得税都是收敛的，且税收的收敛速度比各州的 GDP 收敛速度要快得多；在政府支出方面，人均总支出、人均道路支出、人均教育支出、人均公共福利支出以及其他投资支出也都是收敛的，但人均医疗保健支出是不收敛的。Merriman 和 Skidmore（2001）发现美国各州在 1988—1998 年政府的保健支出是收敛的，他们认为在保健支出较低的州有着较高的边际收益是导致保健支出收敛的原因。马栓友等（2003）分析了 1994 年新财税体制改革以后转移支付与地区经济收敛的关系，发现转移支付总体上没有达到缩小地区差距的效果。霍克等（2005）对马栓友的文章进行了商榷，从财政收支和 GDP 关系的角度来分析财政收支的收敛性，他们通过实证检验后，认为税收收入和财政收入是发散的，且税收收入的发散程度高于财政收入的发散程度；财政支出也是发散的，但是发散程度低于税收收入和财政收入的发散程度；财政教育支出呈极弱收敛趋势。孙群力（2007）实证分析了人均政府消费、政府消费规模以及财政支出规模的绝对 β 收敛和条件 β 收敛，认为都存在绝对 β 收敛和条件 β 收敛；同时他还进一步研究了财政支出结构的收敛性。张恒龙等（2011）的研究也得出了与马栓友相反的结论，他们认为转移支付有助于地区经济收敛，因此发挥了均等化效应，其中，财力性转移支付和专项转移支付有显著的均等化作用，而税收返还则对缩小地区差距起到了反向作用。部分学者还把空间计量方法引入到财政收入和支出的收敛性分析中来。顾佳峰（2008）分别对不同层次的基础教育资源的收敛性进行分析，认为小学层面的教育资源呈收敛态势，初中层面的教育资源收敛性不明显，高中层面的教育资源收敛性占主导。解垩（2008）的实证分析结果表明，财政收入和税收收入均呈现发散趋势，并且税收收入的发散速度要快于财政收入的发散速度；而财政支出类变量却呈现出收敛态势。刘小勇等（2011）

对 1997—2006 年的省级面板数据进行分析后，认为中国的公共卫生支出不存在绝对收敛，但是存在条件收敛，地区差距有所缩小，其中，转移支付机制对公共卫生支出的条件收敛起到了积极作用。

五　关于转移支付政策目标取向和改革措施的研究

转移支付政策目标可以分为公平性目标和效率性目标，其目标取向其实也就是对公平和效率的权衡。如佘国信等（1999）运用边际分析方法和模糊搜寻技术，找到了公平与效率的地区间财力均衡点，随之推导出可调节区间和可承受区间，而这个区间的边界就是公平与效率的权衡函数。王雍君（2006）认为，转移支付应该做出重大的结构性改革以系统地推进财政均等目标，此外，应该协调财政均等目标与其他目标之间的关系。孟翠莲等（2010）评价现行的财政转移支付制度一贯遵循效率优先的原则，在对河北省进行实证分析以后，提出应该体现"公平优先，兼顾效率"的原则。白志平等（2010）从各地公共支出成本差距的视角切入，构建了中国地区间财力均等化分配的数学模型，认为转移支付对地方财力均衡效应也就是对公平和效率目标权衡的结果，具体在模型中反映就是多元目标约束下的转移支付函数最优化问题。通过对中国地区间财力均等化的模拟，得出了"中国地区间财力差距较大，财政转移支付政策应体现公平优先兼顾效率的原则"的结论。

此外，根据目前学界对转移支付的纵向平衡和横向平衡的研究，普遍认为转移支付制度对实现纵向平衡方面起到了重要作用，而在实现横向平衡方面则没有发挥应有的作用。因此，学者们提出了以下具有代表性的政策措施：一是应采取纵向与横向转移支付相结合的模式，并简化转移支付形式（刘溶沧，2002；李佳明，2007）；二是在承认特定地区成本和需求差异的基础上，制定以支出需求为基础的最低标准的转移支付（谷成，2010）；三是提高一般性转移支付在财政转移支付资金中的占比，规范专项转移支付分配机制（卢洪友，2012；李祥云，2012；王朝才，2008）。

六　研究状况评述

根据前述学者的研究，目前学界对转移支付与地区财力差距普遍达成了共识：地区财力差距是不可避免的客观事实，而转移支付是缩小这一差距的重要手段。同时，也有部分学者聚焦了转移支付与县级财力差距，并通过实证检验得出了或乐观或悲观的结果。然而，综合这些研究，本书发现仍有许多尚待完善和突破的地方。

第一，对于地方政府财力的界定和衡量的标准比较混乱，主要表现在以下三个方面：首先，财力和财政能力之间的关系并没有理顺，要么扩大了财力外延，要么缩小了财政能力内涵。其次，由于统计资料的限制和收集资料的困难，地方财政收入作为衡量政府财力的一个指标都只是小口径的财政收入，因此，很难真正衡量地方政府的财政收入的真实情况。最后，对财力进行评价的指标选择各异，在以支出作为财力指标的情况下，大多数研究都没有考虑到各地公共品提供的成本问题。因此，无法科学衡量和判断地区财力的现状、差距程度。

第二，转移支付对县级财力影响的研究内容不够充分。现有研究成果多集中于省级层面，对转移支付前后县级财力的现状和差距的分析大多基于感性认识，因此对转移支付对地方财力横向均衡的评判也就难以让人信服。另外，目前较多学者倾向于分析东中西部三大区域转移支付对县级财力差距的影响，而对于转移支付对贫困与富裕县、农业和非农业县、民族与非民族县等地区的财力差距分析仍属于空白，这将不利于我们深入认识转移支付在不同地区的影响特征，从而也就无法全面评估转移支付的公平性。此外，目前国内对地区财政收入收敛性的研究不多，几乎都集中于财政支出与经济增长的收敛性分析，而转移支付对地区财力的收敛性分析也就更为鲜见了。

第三，地方政府财力的研究方法仍然比较单一。目前对地方财力的研究多采用定性、定量和混合这三种方法，特别是用定量分析可以使地方财力变化及其差距更为直观地反映出来。然而，这种方法的弊端在于，严重依赖所取得的数据的真实性和完整性，如果数据的真实性欠缺的话，则会影响最终分析结果和判断。因此，需要引入更多的研究方法，例如多案例分析法、访谈法、文本内容分析法等。

第四，地方政府财力问题的研究视角仍较为狭窄。目前对地方政府财力均衡性问题的研究主要采用的是区域经济的研究视角。然而，地方财力问题不仅局限于经济学范畴，还涉及诸如政治学、法学、公共管理学等多个学科，这就需要进一步打开视角，从多个角度去认识和剖析，这样才能形成较为完善的研究体系。

此外，由于历史、地理、政治、经济因素存在巨大差别，西方国家的国情与中国有很大不同，西方国家较为规范、科学、合理的制度安排确保了西方国家的基层政府实际上拥有与其应履行职责相对称的财力保证，因此，西方学者大部分都是从宏观角度研究国别之间的差距和一国内部大经济区域之间的差距，而直接研究县级财力差距的文献十分鲜见。毕竟，研究中国财政问题，中国的学者有"近水楼台先得月"的优势，揭示中国县级财力差距的症结，拿出切实可行的解决办法，主要还得依靠中国学者自身的力量。然而，共性寓于个性之中，抽象掉区域、国别差距而使西方财政联邦制理论所具有的个性特征，其反映政府间权利划分所应遵循的共同规律的部分，仍然可为我们分析基层财力问题提供启示和借鉴。

第四节　研究内容与核心概念界定

一　研究内容

本书重点研究 2005—2009 年中国转移支付对县级财力差距的影响情况。具体研究下述几个问题：第一，梳理县级转移支付产生的背景、历史沿革和重要内容，从而总结和归纳县级转移支付的"个性"和"共性"。第二，通过现状分析和不平等指标的测算，分析县级财力差距在转移支付前后的变化情况，从而可以直观看出转移支付是否缩小了县级财力不平等指标。第三，对财力的不同项目要素进行分解，从而可以看出转移支付各项目对财力差距的贡献情况。第四，对财力进行地区分解（即把全国样本分为东中西部县、富裕县与贫困县、农业县和非农业县、民族县与非民族县等的分组），从而分析转移支付前后财力差距主要是来自组内差距还是组外差距，以及转移支付对组内差距和组外差距的贡献情况。第五，对影响县级财力的诸多主客观因素进行不平等分解，以测算转移支付对财力差距的贡献程度。第六，在前几项分析的基础上，对转移支付与县级财力收敛性进行分析，从而对转移支付对县级财力差距进行稳健性检验。第七，在以上实证分析的基础上，提出改革和完善我国县级转移支付制度的政策建议。

二 核心概念界定

（一）县级政府

目前中国的行政区划，实行的是五级政府，即最高级次的中央政府以及由省（自治区、直辖市）级政府、地级市（自治州、盟）级政府、县（县级市、地级市辖区、自治县、旗）级政府和乡级政府组成的四级地方政府。截至 2012 年，除了 4 个直辖市、海南以及部分省实行局部的省直接管辖县以外，其余大部分地区实行四级地方政府的行政区划。本书提到的县级政府，包括县、县级市、地级市辖区、民族自治县、旗等与县级政府平行的行政区划。以 2014 年为例，县级行政区划共计 2854 个，其中，市辖区 897 个，县级市 361 个，县 1425 个，自治县 117 个。[1]

（二）县级转移支付

一般来说，转移支付的概念要宽泛得多。根据联合国《1990 年国民账户制度修订案》对转移支付的定义，"转移支付是指货币资金、商品、服务或金融资产的所有权由一方向另一方的无偿转移。转移的对象可以是现金，也可以是实物"。[2] 显然，在这一概念中，转移支付不仅包括了财政转移支付，还包括了其他私人部门之间的转移支付。

由于私人部门间的转移支付不属于财政学研究的范畴，在这里不进行讨论，主要讨论的是以政府为主体的转移支付，即财政转移

---

① 数据来自国家统计局出版的《2015 中国统计年鉴》。

② 马海涛：《财政转移支付制度》，中国财政经济出版社 2004 年版，第 47 页。

支付。财政转移支付是指政府无偿将一部分资金的所有权转移给他人所形成的支出。按照转移支付的对象不同，财政转移支付又可以分为非政府间转移支付和政府间转移支付。非政府间转移支付是指政府对微观经济主体（企业或居民）的无偿性支出，如社会保障支出、财政补贴等。政府间转移支付是政府之间单方面的、无偿的资金转移所形成的支出。政府间转移支付出现的现实基础是多级政府体系的存在。世界上绝大多数国家都是多级政府，联邦政府或中央政府为最高级次的政府，其后设有多级地方政府。在"一级政府，一级财政"的原则下，各级政府都具有相应的事权和财权。当事权与财权不匹配时，政府间的纵向财政不平衡应运而生。与此同时，各地区受自然禀赋、经济发展程度及其他客观原因的影响，财政汲取能力必然也高低不一，由此产生了政府间的横向财政不平衡。为了调节这种纵向和横向的不平衡，就需要各级政府进行财力上的再分配，从而形成了政府间转移支付。

政府间转移支付包括上级政府对下级政府的拨款、下级政府对上级政府的上解和同级政府间转移支付三种基本类型。一般把上级对下级的拨款以及下级对上级的上解称为狭义的转移支付，而把既包括上级对下级的补助，又包括下级对上级政府的上解的纵向转移支付以及同级政府间的横向转移支付称为广义的转移支付（钟晓敏，1998）。由于目前中国同级政府间的横向转移支付制度尚未建立，相关资料和数据并不健全，因此本书主要讨论的是上对下和下对上的纵向转移支付。

具体而言，在中国当前财政体制下，县级上对下的转移支付主要指的是中央、省、地（市）对县级政府的财政拨款和补助，主要包括税收返还、一般性转移支付和专项转移支付三类。县级财政下对上的转移支付主要包括一般性转移支付上解和专项上解两类。本书中并不涉及县级财政对下级（包括乡镇、村等）的转移支付。

（三）财力

通过前文对财力和财政能力的文献整理，本书认为，财政能力是一个极其宽泛的概念，它是系统能力的概括。具体而言，财政能力是政府为实现其职能，凭借公共权力，在既定的财政体制下对本辖区财政资源进行统筹安排的能力，包括了财政汲取能力（或称为财政收入能力）、财政资源运用能力（或称为公共品供给能力）和财政协调能力。而财力既是对财政汲取能力的反映，也是地方政府提供公共品的物质保障，它是指地方政府在一定时期内（一般指的是一个财政周期）拥有的，且能够自主使用的政府收入的总和。根据政府收入的统计口径，可以把地方政府财力分为广义和狭义两类。

广义的地方政府财力指的是地方政府能够直接和间接筹集到的所有经济资源，包括本级一般预算收入、政府性基金收入、国有资本经营收益、国有资源有偿使用收入、债券收入、净转移支付收入（净转移支付 = 上级对下级的补助 – 下级对上级的上解）以及预算外收入等（如图 1 – 1 所示）。

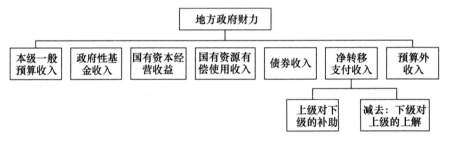

图 1 – 1　广义的地方政府财力构成

狭义的地方政府财力指的是本级一般预算收入和净转移支付之和（如图 1 – 2 所示）。目前，在中国县级财力研究中最具代表性的研究者尹恒（2007，2009）采用的就是这一方法。本书在研究中，也沿用这一概念，主要原因在于：第一，目前，绝大部分学术研究和政府的官方统计都采用的是这一口径的财力指标，本书选用这一指标可以较好地和其他研究结论作出对比和分析。第二，中国现有县级财政统计资料公开程度不高，公开时间较短且更新速度慢，特别是政府性基金收入、国有资本经营收益、国有资源有偿使用收入和债券收入统计资料获取难度更大，预算外收入纳入程度也不尽相同。第三，采用收入作为财力衡量指标，可以根据收入来源对财力做进一步分析，从而有利于比较各部分财力对财力差距的贡献情况。

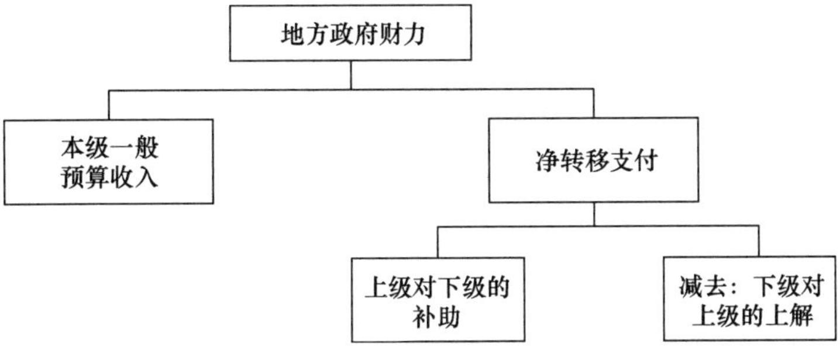

图 1 - 2　狭义的地方政府财力构成

因此，本书定义的县级财力相关概念和范畴为：

自有财力，指县级财政的一般预算收入，包括税收收入和非税收入两部分。可支配财力，是县级财政的一般预算收入与净转移支付之和，而净转移支付等于上级对县级财政的补助收入减去县级财政对上级政府的上解支出后的净额，即：

自有财力 = 一般预算收入 = 税收收入 + 非税收入

可支配财力 = 本级一般预算收入 + 净转移支付 = （税收收入 + 非税收入）+（上级对县级财政的补助 – 县级财政对上级的上解支出）

第五节　研究思路、研究方法和结构安排

一　研究思路

本书从转移支付与县级财力的理论分析入手，以多级财政理论、区域经济理论和财政平衡理论为支撑，用文献分析法梳理了县级转移支付和县级财力的变迁和主要内容，用对比分析法分析转移支付前后县级财力不平等指标的变化情况，用收入分配引申出来不平等分析法，对县级可支配财力的项目要素、地区和影响因素进行分解，并检验转移支付对县级可支配财力的收敛性。在此基础上，客观评价转移支付对中国县级财力差距的均衡效应和目标取向，从而

对缩小县级财力差距、促进县级财力平衡的转移支付提出优化和完善建议。详细的技术路线见图1-3。

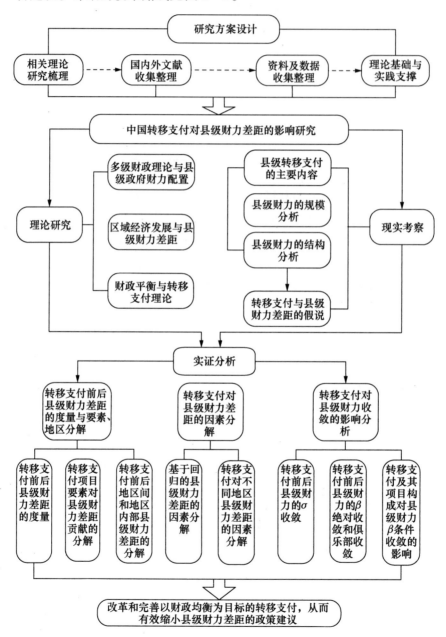

图1-3 技术路线

二　研究方法

本书在借鉴多级财政理论、区域经济理论、转移支付理论和财政平衡理论的基础上，综合运用实证分析法、比较分析法、文献梳理法等方法，以转移支付和县级财力差距的关系为主要研究对象，力求对转移支付对县级财力差距的作用力度进行全方位的、深层次的分析。

（一）实证分析法

实证研究偏重于实践检验，它回答"是什么"的问题，主要研究客观存在的相互关系、变化和发展趋势，借以达到对事物的正确解释和预测的一种研究方法。本书借鉴收入分配的各项指标和方法，度量和分解转移支付制度对县级财力差距的影响；采用收敛性分析，对转移支付与县级财力收敛性关系进行探讨。

（二）比较研究法

比较研究法是最常见的对策研究方法，通过静态和动态的比较，全面了解事物的现状和变化趋势。本书将对中国转移支付前后县级财力的现状和差异的变化进行比较，力图更加清楚地剖析转移支付的均等化作用。

（三）文献分析法

文献分析法要求通过收集、阅读大量文献，归纳和整理相关研究领域的成果，从而形成对事实科学认识的方法。本书将对转移支付、县级财力相关文献的收集、阅读、梳理和归纳，逐渐形成对这一问题的研究体系。

三　结构安排

本书基于"理论分析—现状分析—理论假说—实证分析—结论与建议"的逻辑思路进行写作，共分为七章。

第一章：导论。介绍选题背景、选题意义，对现有文献进行归纳、整理、分析和评述，明确本书研究的目的和对象，并对相关概念进行界定，提出研究的重点、难点以及创新点。

第二章：转移支付与县级财力差距的相关理论分析。本章从多级财政体制理论出发，分析了事权与支出责任、财权与财力配置以及转移支付之间的逻辑关系；从区域经济理论出发，分析了经济差距与财力差距的相互作用关系；从财政均衡理论出发，分析了转移支付的均等化功能和效应。

第三章：转移支付与县级财力的现状分析与假设。本章在归纳和总结中国县级转移支付制度的内容和变迁的前提下，对县级转移支付进行规模分析和结构分析，并据此提出本书需要验证转移支付均衡县级财力的假说。

第四章：转移支付前后县级财力差距的度量及要素、地区分解。本章对县级财力的变异系数、基尼系数、泰尔指数进行测算后，采用基尼系数对县级可支配财力的项目要素进行分解，以考察转移支付作为县级可支配财力的主要构成要素对财力差距的贡献率；采用泰尔指数对不同地区（东中西部县、农业县和非农业县；民族县和非民族县；贫困县、中等县和富裕县；城市区和农村县）的县级可支配财力进行地区分解，以考察转移支付前后地区之间和地区内部财力差距对全国可支配财力差距的贡献率。

第五章：转移支付与县级财力差距的因素分解。本章在对县级财力进行 OLS 回归和分位数回归的基础上，运用基于回归的影响因素不平等分解法对影响县级可支配财力差距的因素的贡献率进行分解，并对不同地区（农业县和非农业县、民族县和非民族县、贫困县与非贫困县、城市区和农村县）可支配财力差距进行正向分解和反向分解，以检验转移支付是导致县级可支配财力差距的主导因素。

第六章：转移支付对县级财力收敛的影响分析。本章运用面板模型对县级自有财力和可支配财力进行了 σ 收敛、俱乐部收敛和绝对 β 收敛检验，对县级可支配财力进行了条件 β 收敛检验，进一步探讨了转移支付各项目构成与县级可支配财力收敛性。

第七章：主要结论与政策建议。本章首先归纳了前文的研究结论，提出明确县级转移支付的政策目标取向、修改并完善转移支付分配方式、优化县级转移支付结构、加强县级转移支付资金的绩效评价、科学界定地方合理财力差距以及大力发展县域经济六个方面的具体措施，并对未来研究方向进行了展望。

第六节 研究重点、难点、创新点和不足

一 研究重点和难点

本书聚焦于转移支付的横向均衡性，重点比较转移支付前后县级财力的变化情况，度量和研究了转移支付对县级可支配财力的影响程度，明确了转移支付是影响县级财力差距的主导因素，并分析了转移支付对县级可支配财力收敛性的影响作用，以此来探求现行转移支付的目标取向，并对旨在缩小县级财力差距的转移支付下一步的调整和改革提出政策建议。

本书研究的难点在于：第一，数据获取和处理的困难。目前，中国县级单位有2800余个，样本数量较大，这使数据收集和整理更为繁杂。同时，县级财政数据资料更新慢，覆盖面相对较窄，也使得研究期限无法顺延。另外，县级建制变动相对频繁，也给数据整理造成了困难。第二，中国省以下财政体制没有统一模式，本书的研究也只能是全国转移支付与县级财力差距的共性描述，但如何在共性当中结合个性，也是需要思考的一个问题。

二 创新点

本书力求在以下几个方面突破和改进：

（一）研究对象和研究时段的突破

目前国内对转移支付与地方政府财力的研究一般集中于省级层面，或是对某省内部政府间转移支付对各县财力的影响，对于全国范围内的转移支付与县级财力关系的研究仍然较少，且时间也截至2006年。本书聚焦于2005—2009年转移支付对县级财力差距的影响，从而对前述学者的研究进行了推进和延伸。虽然受到县级数据发布滞后的影响，2009年距今也有几年的时间跨度，但是由于研究的对象是县级财力这一相对微观的主体，因此，研究结果对当前转移支付的改革和完善仍具有非常重要的现实意义。

（二）研究方法的创新

第一，现有的研究多采用的是转移支付的项目要素分解和地区子集分解，但是对转移支付及其他影响县级财力的主客观因素对县级财力差距的影响程度的研究仍属空白。本书以 Fields – Yoo 静态和动态分解法研究了转移支付作为县级财力差距主导因素的贡献率，而且还以 Oaxaca – Blinder 方法分析了转移支付对不同地区（如农业县和非农业县、贫困县和富裕县、民族县和非民族县等）的贡献率，从而全面度量了转移支付作为县级财力差距的主导因素的影响程度。第二，目前国内对县级财力收敛性的分析尚属空白，本书从这一视角出发，探讨转移支付前后县级财力收敛性的变化情况，以及转移支付不同项目对县级财力收敛性的影响，以期为政府财力的收敛性问题提供一个相应的研究框架。

三　不足之处

限于客观和主观因素的制约，本书存在以下不足之处：

（1）由于受到所收集资料和统计数据的限制，本书在研究县级政府财力问题时所得到的县级财政收入仅限于一般预算收入，因此，这会对我们真实衡量县级财力造成一定的影响。

（2）由于统计数据庞杂和笔者精力的限制，本书并没有对县级财力的外部性进行深入分析和探讨，当然，这也将是笔者未来继续研究的一个重要方向。

（3）由于目前中国省以下财政体制并没有唯一模式，这就使本书在分析县级财力差距的原因和县级转移支付制度时只能作为一般性的分析，而无法触及特殊化。

第二章　转移支付与县级财力
差距的相关理论分析

　　要研究转移支付与县级财力之间的问题，首先要厘清地方财力配置一般性原则、地方财力差距形成机理和财政平衡机理，在此基础上，立足于县级政府的特殊性和重要性，探讨县级财力配置和财力差距，从而进一步分析实现县级财政平衡的重要工具——转移支付及其均等化效应。

第一节　多级财政体制理论与县级财力配置

　　现代社会经济条件下，面对日益复杂的社会事务和社会服务，绝大多数国家的行政级次也顺应社会分工的潮流，采用了多级政府体系——中央政府（或联邦政府）① 以及地方政府。地方政府由于更了解当地居民的偏好，具有充分的信息优势，因此在提供地方性公共品上更具有效率；而在人口可以自由流动的前提下，居民可以通过"以足投票"的方式表达自己的偏好，避免了"免费搭车"的现象，从而使得地方政府提供公共品形成类似市场的竞争②，这种竞争不仅可以满足居民对公共品的需求，也能够激励政府不断改进收支结构。

---

　　① 一般来说，单一制国家的最高级次政府称为中央政府，联邦制国家的最高级次政府称为联邦政府，为了行文方便，以下均以中央政府代替最高级次的政府。
　　② Tiebour C., "A Pure Theory of Local Expenditure", *Journal of Political Economy*, Vol. 64, No. 5, 1956, pp. 416 – 424.

目前，中央和地方各级财政的组织管理形式更多地表现为多级财政体制。多级财政体制包含了中央与地方以及地方各级政府之间的收支划分及其往来关系，主要由以下三个要素组成：事权和支出责任、收入划分以及转移支付。

一 事权和支出责任划分与县级具体支出责任内容

（一）事权和支出责任的划分原则及框架

事权是政府职能的外在化表现。广义来说，事权是政府在提供公共品和公共服务、收入再分配以及稳定经济三个方面的作用范围。狭义而言，事权则主要是政府提供的公共品和公共服务。在研究多级财政体制时提到的各级政府间事权划分和界定，一般指的是狭义的事权。

根据政府承担职责的不同性质，事权可以进一步细分为公共服务决策权、资金供应权和公共服务管理权。公共服务决策权指的是哪一级政府对某项公共服务拥有最终决定权。资金供应权是指某项公共服务的资金由哪一级政府负责提供，是这三个权力中的核心。公共服务管理权是指在公共服务的提供过程中，哪一级政府负责具体实施和管理。

以上事权的三个组成部分既可以重叠，又可以分离，也就是说，既可以由同一级政府履行，也可以由不同级次的政府分别履行。一般来说，要求全国统一行动的事权，由中央政府进行决策；要求一省（州）内部统一的事权，由省（州）政府进行决策。在具体的实施和管理上，由于地方政府更了解本地的实际情况，更具信息上的优势，因此，地方政府履行公共服务管理权更具有效率。而在资金供应权上，既可以由中央政府提供，也可以由各级地方政府提供，或者由与事权相关的多个地方政府或者多级政府共同提供，因此，各级政府在资金供应上都具有权力。

以上只是对政府事权进行了概括性的界定，实际上，事权的划分体现在各级政府具体职责的规定上，而各级政府承担的职责主要依托财政支出的途径，财政支出能更为真实地反映政府事权的履行情况，因此，支出责任的划分是政府事权的具体化。例如，按部门或单位的隶属关系，一级政府管辖的部门或单位由该级政府负责其费用支出；按公共项目的管理权，一级政府安排的项目由该级政府负责出资，中央与地方共同安排的项目由双方共同出资；按公共服务决策权，一级政府出台的政策由该级政府落实所需资金，或由该级政府为主，各受益方适当分担，等等。

对于在中央和地方之间划分事权及支出责任的问题，就如同政府体制的确立因国而异一样，并没有唯一的或者是最优的模式，各国都需要根据经济发展程度、政策目标、政府财力水平等实际情况，设计适合本国的财政体制。众多学者提出了事权和支出划分的一般性规律，其中，爱尔兰学者巴斯特布尔（C. F. Bastable）提出的事权划分三原则影响最为深远。"三原则"具体包含了受益原则、行动原则和技术原则。① 受益原则从受益与成本对等的角度出发，以事权的覆盖范围和支出项目受益对象为划分标准，确定各级政府承担的财政支出责任。若受益范围在全国境内，且受益对象是全国居民，那么支出责任应该归属于中央政府，如国防、外交、司法等；若受益范围仅限于某一地区，且受益对象就是该地区的居民，则支出责任应该划归于地方政府，如地区消防、城市建设、卫生保健等；如果受益范围超过了某一地区，则可以由较高级次的政府提供，如跨地区的公共工程以及与宏观调控和再分配有关的职能（如社会保障和社会福利等）。行动原则指的是凡提供的公共服务在行动上要求全国一致、统一规划的，属于中央事权；凡要根据各地具体情况，因地制宜进行决策的，属于地方事权。技术原则指的是以公共服务的技术难度和可操作性为标准，把那些规模大、技术难度较大的项目支出，划归为中央政府；规模较小且需要适时监督的项目支出，划归为地方政府。

（二）县级支出责任的具体内容

县级政府承担的事权和支出责任主要体现在县域内公共品和公

---

① 平新乔：《财政原理与比较财政制度》，上海人民出版社、上海三联书店 1995 年版，第 362 页。

共服务的供给上，通常而言，县级支出责任主要包括以下内容：

（1）县域基础设施，包括县域公路、交通、电力、电信、自来水、供暖、供气、城市建设、垃圾处理、车站、港口等基础设施。

（2）县域社会服务，包括县域基础教育、医疗卫生、气象预报、消防、公园、图书馆、体育馆、博物馆、广播、电视、文物发掘与保护、公交服务、社会保障和社会福利等。

（3）县域社会管理，包括县级各行政管理机构、公共安全机构、公共司法机构等提供的公共服务以及制定的各类县域发展政策和规章制度等，如社会治安、司法服务等。

二　收入划分与县级财政收入来源

（一）税收划分的一般原则

在市场经济国家，税收是政府财政收入的主要来源，因此政府间收入划分主要指的是税收收入的划分。税收既是政府财政收入的重要来源，是提供公共品的物质保证，也是政府进行宏观调控的重要政策工具。在确定各级政府的事权和支出责任的前提下，需要对税收收入在各级政府之间进行合理分配，从而形成保证各级政府职能运行和支出保障的初始财力。① 在市场经济条件下，与多级财政体制相对应，收入的划分通常采用分税的形式，但分税的具体做法在各国不尽相同。马斯格雷夫（Musgrave）认为，应该根据以下原则划分税收收入，协调各级政府的财政关系。

（1）具有收入再分配功能的税种应该由中央政府征收。因为只有对这类税种实行统一税率，由中央政府征收，才能充分发挥调节收入分配、缩小贫富差距的功能。

（2）税基具有流动性的税种应该由中央政府征收。这类税种若由地方政府征收，地区间的税制差异会使税基从高税率的地区流向低税率的地区，这并非按效率要求从边际产出低的地区流向边际产出高的地区的正常流动，而是对资源配置的一种人为扭曲。

（3）税基在地区间分布不平衡的税种应该由中央政府征收。这

---

① 这里所指的初始财力，是各级政府根据分税原则进行的财力初次分配的结果。

可以避免地区间资源禀赋差异而造成的财政收入水平的较大差别，并增强中央政府的协调区域经济发展的能力。

（4）收入易发生周期性波动的税种应该由中央政府征收。这是因为经济稳定职能主要由中央政府履行，经济繁荣时税收增加，有利于抑制需求，防止经济过热；经济衰退时税收减少，有利于刺激和稳定需求，摆脱衰退。

（5）税负易在地区间转嫁的税种应该由中央政府征收。这类税种若由地方政府征收，意味着当地公共品的部分供给成本并非由当地居民所承受，违背了受益与成本相对等的原则，造成负担不公平。

（6）收入规模较大的税种应该由中央政府征收。这是因为中央政府承担提供全国性公共品、调节收入分配和稳定经济等重要职责，需要有较多的收入来源作为保障。

据此，应该由中央政府征收的税种主要包括个人所得税、公司所得税、社会保险税、增值税、资源税、关税等。主要原因在于，个人所得税、公司所得税、社会保险税具有收入再分配功能，税基具有流动性，且收入易随着经济周期发生波动；增值税税基具有流动性，税负易在地区间转嫁；资源税税基通常在地区间分布不平衡；而关税则是国家主权象征之一，因此也应该由中央政府征收。

而不具有再分配功能、税基固定、税基在地区间分布均衡、收入没有周期波动性、税负由当地居民承担、收入规模小等特点的税种适合由地方政府征收，如土地税、房产税、营业税等。

（二）县级财政收入来源

县级财政作为基层财政的重要组成单位，在赋予县级财政职能和事权范围的基础上，必须保证县级具有相应的财政收入，从而有效满足支出需求。根据税收划分原则，县级财政收入一般由以下税种组成：

（1）销售税或营业税。销售税是对商品和劳务在其零售环节按销售价格征收的一种税，具有税基分布较为均匀的特点，能够成为县级政府稳定的收入来源。

（2）财产税。财产税是对纳税人所有的不动产和动产，特别是对土地、房地产等不动产征收的一种税。由于主要征税对象流动性较低，且各地政府能够根据辖区内的客观条件进行评估和追踪，因此，财产税成为县级财政收入的重要来源。财产税主要包括土地税、房产税、土地增值税等。

（3）其他税种。包括在县级政府具有税收立法权或得到上级政府授权的前提下，根据各地实际开征的其他税种，这类税种相对而言税源狭窄，收入较低。

三 转移支付与县级财力配置

其实，无论采用哪种方式进行分税，其最终无非是想要达到分配给各级政府的财政收入能够保证各级政府职能的实施、满足各级政府的支出需要理想状态。然而，在现实情况下，由于支出划分和收入划分所遵循的原则不完全一致，造成不同级次政府之间财政收支不对称，并且经济发展的不均衡也会使贫困地区的财政收支难以达到平衡，因此，仅仅通过收入划分是不可能完全实现地方财政收入与事权匹配的，也不可能完全实现财政的纵向平衡和横向平衡。此时，就需要在既定的财政收支范围划分的基础上进行收支水平的调节。这种调节制度可以通过各级政府间财力的纵向调节（即纵向的转移支付）以及同一级次的地方政府间的财力横向调节（即横向的转移支付）来实现，调节的目标是使地方政府的可支配财力和事权相匹配。这一调节制度即为政府间转移支付。

转移支付不仅是调节政府财政关系的重要手段，当然也是中央政府主要的支出部分，是地方政府重要的收入来源。就中国县级政府而言，事权的下移伴随着财权较弱的客观现实，加之县域经济不平衡发展，因此，县级财政需要获得上级财政转移支付资金支持，从而形成了县级财政实际可支配财力。于是，县级政府财力配置就由前述两部分组成，一部分是本级财政收入，另一部分是上级提供的转移支付资金。

四 财政体制要素的逻辑关系

事权与支出责任、收入划分以及转移支付构成了多级财政体制的三大要素。事权是三大要素的基础，事权的划分决定了支出责任的归属，而支出的划分又制约着收入的划分。财力配置的核心是收入的划分，财力配置的最佳状态应是能保证各级政府基本支出需要，保证各级政府财力达到平衡。但是，这种状态往往很难实现，而当初次财力配置无法解决这一问题时，转移支付成为协调政府间财政关系，保证各级政府可支配财力的重要工具。

因此，财力和支出责任相匹配是财政体制的合适原则。它有三重含义：第一，财力和支出责任相匹配意味着支出责任确定在先，财力确定在后，两者要遵循"以支定收"的原则。地方政府的事权以及支出规模和方向确定的依据是当地居民的偏好，而支出责任又是事权的具体体现。地方政府的收入取决于支出的大小，地方政府筹集资金的方式取决于支出的方向。地方居民要为他们享受到的公共品和公共服务付出相应的代价，由此形成了地方财政收入。第二，地方政府要有自己的收入权，形成自有财力。地方政府能够根据地方居民的需要随时调整收入，才能迫使地方政府在提供公共品上更具效率。第三，财力规模和事权大小相匹配。地方政府拥有收入权，但是由于各地情况不一，有些地方政府的财力在不断上升而地方居民需求却缺乏弹性，因此反而出现了财力规模和支出责任大小不能同步增长的矛盾，此时上级政府的转移支付能够很好地解决这一问题。

总之，事权与支出责任、收入划分以及转移支付之间的关系可以归纳为：支出责任是事权的具体化，事权是财力配置的基础，收入划分是财力配置的核心，转移支付是财力配置的优化。而县级财力配置正是这一逻辑关系在基层财政领域的一个反映。

第二节　县域经济发展与县级财力差距

经济与财政的关系可以简单概括为：经济决定财政，财政反作用于经济。具体而言，经济是财政的源泉，经济发展的程度决定了政府财政能力，决定了财政收支的情况，从而影响了公共品供给质量和数量。一般来说，经济发达地区的财政状况要比贫困地区乐观，其公共品供给质量也明显优于贫困地区。而财政作为资源配置、收入分配和调控经济的一大政策，通过以财政收支为依托的财政政策工具来实现其职能。通常情况下，发达地区财力充沛，财政自然能够有更多精力更好地引导资源配置，调节收入差距，调控经济运行。贫困地区限于财力有限，可能仅仅只能维持基本运转，更谈不上发展。因此，区域经济发展和地区间财力状况是分不开的。县域是一国的基本组成单位，县域经济属于区域经济的范畴，因此对县域经济和县级财力的理论研究，我们可以联系区域经济发展理论和县域经济特点来进行分析。

一　区域经济均衡发展理论

区域经济差距是一个普遍客观存在的经济现象，如何对这一现象进行合理解释，并找到合理高效的措施是经济学研究的一个重要领域。目前，形成区域经济增长理论流派较多，但围绕讨论的问题主要集中在区域经济差距会不会自动呈现收敛，如果会的话，那么应该充分发挥市场作用；如果不会的话，那么政府应该怎样进行干预调控？目前，最具代表性的流派主要由新古典区域经济增长理论和区域经济发展的极化理论。

（一）新古典区域经济增长理论

新古典经济学派关注资源配置效率问题，其基本观点认为市场是资源配置的最佳机制，可以通过价格机制和供求关系自动达到均衡。他们把这一观点推而广之，应用到区域经济增长的分析上，认为区域之间要素报酬的差别会通过要素流动趋向均衡，即市场机制的作用最终会消除区域间人均收入的差别，促使区域经济均衡增长。新古典区域经济理论是建立在一系列假设之上的：第一，经济主体追求收益最大化；第二，经济主体能够获得有关价格的完全信息；第三，完全竞争市场；第四，价格灵活，富有弹性，生产要素自由流动；第五，区域之间的运输费用为零；第六，所有区域都存在同一的固定比例规模收益的生产函数。

基于以上假设，他们认为，供给和需求能够达到均衡，即所有区域市场都能达到均衡状态。如果出现不均衡的情况，那么这种情况只是暂时的，资源的稀缺性会引起价格的上升或下降，由于经济主体在价格上具有完全信息，因此能够对资源价格变化做出及时反应，从而消除资源稀缺性，促使市场达到均衡。新古典学派的观点使他们更加怀疑政府在缩小区域经济差异中的作用。他们认为，区域经济本应通过市场机制自发趋于均衡，但是由于政府的介入，会导致落后地区的经济自主性进一步恶化，严重依赖外部输血，最终成为整个经济体的附庸，故政府干预区域经济发展反倒很可能成为扩大区域经济差距的原因。因此，政府制定的经济政策应该限制在保证市场机制运行能力，除此以外，都不应该干预经济运行。

由于新古典学派的区域经济增长理论是建立在严格的假设条件下，这些假设在现实中几乎是不能成立的，因此，批评者认为，新古典学派的按照"看不见的手"实现区域均衡发展这一理论存在诸多瑕疵。

（二）区域经济发展的极化理论

新古典区域经济理论认为区域经济最终将会达到均衡，与新古典区域经济理论相对立的理论体系是极化理论。极化理论由带有共同特点的区域经济非均衡发展多个论据综合而来。极化理论的代表人物是缪尔达尔（G. Myrdal）和赫尔希曼（A. O. Hirschman），他们认为区域经济发展过程并不会趋近于均衡状态，而是导致区域差别的进一步恶化。

缪尔达尔提出了与新古典理论区域均衡发展过程不同的循环累积因果过程观点。在新古典理论中，区域经济发展过程如果偏离了均衡状态的话，会由于价格的作用重新回到均衡状态。缪尔达尔则认为最初的经济偏离产生的影响作用将会使这种偏离进一步强化，这种强化不能使区域经济再次回到均衡状态，而是以非均衡状态存在。由此，他认为，对区域经济朝着积极或消极方向的刺激，将会随着时间的推移累积起来并形成固定的发展差距。同时，市场各要素的流动和作用的结果会不断扩大区域差距。例如，经济发达地区会吸引高素质劳动者流入，有利于本地经济发展，但是对落后地区而言却是人才流失。资本也会自动流向经济发展好、投资回报高的地区，而不愿意流入经济缺乏活力，资本需求弱、投资机会少的落后地区。而地区间的贸易也会进一步拉大区域差距，这是因为发达地区产业结构合理、产业规模较大、技术先进，在产业竞争中处于优势地位。

缪尔达尔和赫尔希曼把区域经济相互作用的结果用相对立的两个效应来概括——扩散效应（又称渗透效应）、回流（吸收）效应（又称极化效应）。扩散效应指的是那些导致区域发展刺激并向空间外部扩散的机制。它对相邻区域形成积极的推动，把发展刺激和积极作用在空间上向外扩展。回流（吸收）效应指的是积极的发展刺激对它的周边施加了消极的影响，例如经济繁荣地区吸引了经济停滞地区高技能的劳动力，削弱了经济停滞地区的创新潜力，破坏周边环境或是加剧竞争，对停滞地区形成冲击等。在一个区域经济体系中，发展的进程是趋近于均衡还是极化（非均衡）取决于扩散效应与回流（吸收）效应哪个更占优势。缪尔达尔对此较为悲观，他认为回流效应是主导发展趋势，尤其是那些穷国和落后地区更是如此。他认为两种效应的相对比重取决于交通、通信等基础设施、文化教育、企业发展潜力等因素。赫尔希曼则对此持乐观看法，他认为缪尔达尔过于放大了回流（吸收）效应，低估了扩散效应，发达地区和落后地区的经济差距持续一段时间后，迟早会出现一个转折点，此时，扩散效应会超过回流（吸收）效应，落后地区开始追赶发达地区，因此区域经济差距长期看来是趋于均衡的。尽管所持态度有所不同，但是，赫尔希曼赞成缪尔达尔需要政治力量缩小地区差距的观点，当回流（吸收）效应强于扩散效应时，政府应该调节和干预这种不利局面。

二 县域经济的特殊性

县域经济从属于区域经济，是一国经济的基本组成单位，它是指在一定的县级地理空间维度和地理范围之内的经济。相对于区域经济和国民经济，县域经济具有以下特征：

（一）宏观背景的一致性

县域这级行政区划不是一个独立的政治单元，县与县之间没有国界与边防，县域经济运行与发展必须在国家的政治环境、宏观经济运行态势和经济政策的指导下进行，因此，并不存在政治经济背景的根本差异。

（二）县域经济的相对独立性

由于一个县域在经济增长、经济重心、发展战略、产业结构等方面有着不同于其他县域的特殊性，县域经济政策主要制定者和具体实施者是县级政府，即在县域经济中，县级政权是市场调控的主体，因此，这也就决定了县域经济在整个国民经济中具有相对独立的地位。在中国，随着经济体制和行政体制改革的不断深化，赋予了县级政府较为宽松的行为空间，县域经济的相对独立性也越发凸显。

（三）县域经济的二元性

县域经济是以县城为中心、城乡为纽带、农村为腹地的区域经济，因此，它不仅带有稍许城市经济的色彩，也具有较为浓厚的农村经济的特征，体现出城乡结合的二元性。而对于调控县域经济、提供公共服务的县级政府而言，不仅要满足县城居民对公共服务的需求，更要满足广大农村居民对农村公共服务的需求。

（四）县域经济的极大不平衡性

县域经济具有明显的地域性，在自然资源、经济发展条件和历史人文因素等方面有着千差万别。自然资源的差异包括地理位置、气候条件、矿藏资源、土壤肥沃程度、水力资源、森林覆盖情况等方面的差异；经济发展条件的差异包括生产力发展水平，人才、资金、技术等生产要素禀赋，产业结构，市场容量与市场培育程度，经济活动成本与效率等方面的差异；历史人文的差异包括人口、民族、宗教信仰、社会发展程度、历史文化传统、居民性格特征等方面的差异。这些客观存在的差异加之上述的县域经济的相对独立性，导致了县域经济发展程度的不平衡。县域经济的相对独立性和不平衡性交织在一起，促使了县域经济调控主体——县级政府将维护本地利益作为县域经济发展的首要目标，充分发挥各地的相对优势资源，发展特色经济，协调县域内部经济关系和经济矛盾。

（五）县域经济利益的可协调性

县域经济的相对独立性使得县域经济利益也相对独立。县域经济利益体现在县域经济稳定增长、市场活跃、物价稳定、人民生活水平提高、县级财政收入增加、能够争取更多的上级补助等方面。县域经济利益的相对独立可能会引起县与县之间的经济利益矛盾或者县级与上级甚至与国家利益的矛盾，但是，由于县域经济从属于区域经济，更要符合国民经济发展的整体需要，因此，在发生经济利益矛盾的事前、事中，可以通过上级政府协调；在经济利益矛盾发生的事后，也可以通过上级政府颁布的政策措施规范县级政府的经济行为，避免同一事件的再次发生。

（六）县域经济的开放性

虽然县域经济和县域经济利益具有相对独立性，但并不意味着县域经济就是"诸侯经济"。随着市场经济体制的不断完善，县域经济在突出本地优势和特色的前提下，要突破县级行政区划的束缚，在更大的区域内进行资源配置，取长补短，从而获得更大的发展空间和更高的经济效率。

县域经济的以上特征，充分说明了县域经济的复杂性和非平衡性，这种复杂性和非平衡性影响了县级自有财力，当然也进一步影响着县级政府获得上级转移支付资金的多寡。

三 县域经济与县级财力的相互作用机制

虽然新古典区域经济理论和极化理论所持观点相反，但是，他们都为政府对区域经济调控的作用范围提供了一个基本框架。财力是政府实现职能的基本物质保障，县域是县级政府财力的作用范围，也是经济发展的地理单位。因此，县域经济发展决定了县级财力，县级财力也影响着县域经济发展，它们之间形成了相互关联、相互制约的作用机制。

（一）县域经济发展程度决定县级财力

经济活动的开展和经济政策的实施都必须要依托一定的地理区

域，县级是社会经济发展的基本空间构成。税收来源于经济，其在财政收入中所占比例最大，而税收的取得主要依据来源地标准。经济发展水平低、商品贸易欠发达、人民收入水平和生活水平低的地区，税源缺乏，因此政府自有财力匮乏。相反，经济发达地区商品贸易流通速度快，经济活跃，人民生活水平高，税源充沛，政府自有财力充盈。

　　除了税收以外，非税收入也是县级自有财力的主要来源，它们也离不开县域经济发展的大环境。根据受益原则，非税收入一般归属于地方政府。非税收入的规模受到县级政府规模以及提供公共服务水平的制约，而县域经济发展程度决定了政府规模和公共服务水平。经济发达地区提供公共服务的能力强，公共服务供给水平高，非税收入的规模自然就大。在非税收入中，公债是西方国家地方政府的一大筹资来源。公债的发行规模体现了地方政府的融资能力，受到当地企业和居民认购能力、政府偿债能力、当地经济发展能力和项目投资回报率的限制。经济落后地区由于财政可用于发展的资金较少，发行公债很可能会出现政府融资过程中的恶性循环。

　　作为地方可支配财力一大来源的转移支付，其拨款标准和依据也要考虑县域经济发展程度。例如，税收返还带有明显的激励性质，是根据地方上交的某些税收按比例进行返还。也就是说，经济发达地区上交的税收越多，其返还也就越多。因此，税收返还更能够增加经济发达地区财力。一般性转移支付具有公平性质，其拨付的依据是在考虑到公共品供给成本差异的前提下，根据当地的客观条件和社会经济社会发展情况确定标准财政支出和标准财政收入，确定拨付的数额，尽量使各地财力达到基本平衡，以使各地居民能够享受到大致相同的基本公共服务。一般来说，经济落后地区获得的一般性转移支付的数额要高于经济发达地区，因此，一般性转移支付提高了经济落后地区的财力。专项转移支付实行按项目拨付，专款专用，可是有的专项转移支付要求地方政府给予配套资金，经济发达地区由于财政富裕，因此，更能够筹措到配套资金，所以，经济发达地区更具备申请到这类转移支付的物质条件。

（二）县级财力反作用于县域经济发展

财力是政府职能实现的基本前提，是政府调控县域经济发展、提供地方性公共品、提高居民生活水平的物质保证，因此，县级财力状况直接或间接地影响着县域经济发展。下面，将分别从税收、非税收入和转移支付三个方面简单介绍县级财力的三大组成部分对县域经济的影响。税收是调控经济的一项财政手段，在县级政府拥有较大税权的前提下，县级政府可以通过税收减免、税收优惠等方式来调控经济，优化资源配置。非税收入反映了政府提供准公共品的成本，通过非税收入的收取不仅能够合理引导、规范自然资源开采和使用，还能发挥国有资产效益，完善基础设施，消除经济发展的"瓶颈"，从而带动当地经济发展。中央政府的财力用于保证宏观经济稳定、协调区域经济发展，省（州）政府的财力用于保证一省（州）经济的稳定发展，协调省内差距，因此，中央政府和省（州）级政府将会通过转移支付平衡县级财力，进而以提供地方公共品的方式，改善当地生产投资经营环境，提高居民福利和素质，实现公共服务均等化，为经济发展储备人力、物力。

综上所述，县域经济与县级财力的相互作用规制可以用图 2－1 直观地描绘。

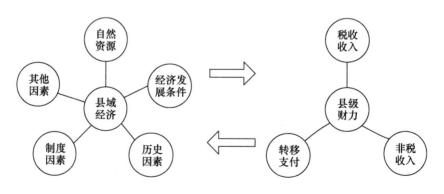

图 2－1　县域经济与县级财力的相互作用关系

四　缩小县域经济差距的重要工具：转移支付

鉴于上文分析的县域经济发展和县级财力差距相互作用的关系，

若想真正实现财政均等化，利用转移支付调整县级政府之间的财力差距、弥补落后地区自有财力不足、保证各地支出需要是非常必要的。同时，还可以进一步发挥转移支付对经济的拉动作用，帮助落后地区经济发展，增强落后地区造血能力，从自有财力角度充实地方政府财力。因此，接下来，我们将进一步说明转移支付对县域经济增长的影响。

转移支付对县域经济增长的作用是通过安排不同的支出类型来进行的，具体而言就是从影响公共服务支出、公共投资支出和公共消费支出三个方面入手。公共服务支出主要是指用于提供民生性公共品和公共服务的支出，包括科教文卫、社会保障、就业等方面。公共投资支出主要是政府用于基础设施和基础产业方面的直接投资。公共消费支出主要是指政府行政支出。

（一）转移支付用于公共服务支出对经济的影响

县域经济发展水平的一个重要表现就是政府提供的公共服务水平。公共服务涉及居民社会保障、科教文卫、就业住房等民生需求，不仅能够解决居民的后顾之忧，增加居民消费，还能提高劳动者整体素质，为经济发展提供必需的人力支持。同时，公共服务具有明显的正外部性，县级政府往往出于成本和受益不对等、收益见效慢、时间长等原因，不愿意提供这类公共品。因此，如果由上级政府给予转移支付弥补这类公共服务供给的不足，则会实现提高地区居民福利，促进经济发展。

（二）转移支付用于公共投资支出对经济的影响

跨区域大型公共品（如公路等基础设施）由于具有外部性，所以单由某一个县级政府提供不仅面临资金上的尴尬，也不符合受益和成本对等的原则，因此，转移支付的一大资金流向就是用于这类大型公共品供给。除此以外，对于不规定具体用途的转移支付，县级政府可以自由安排这部分资金的使用方向。在县级政府具有刺激经济发展的强烈动机且缺乏对转移支付有效监督的情况之下，县级政府也会倾向于把这部分资金用于本地的公共投资。按照传统宏观经济学的分析框架，一个国家或地区的总产出主要是由消费和投资共同决定,而公共投资是投资的重要构成,因此,公共投资会直接作用于总产出。如图 2 - 2 所示,在经济的初始状态,一个地区的产品市场和资本市场都处于均衡状态,均衡利率为 r_0,均衡产出为 Y_0,此时如果政府把接收到的转移支付用于公共投资,则会增加社会的总需求,导致 IS 曲线向右移动至 IS′,此时,均衡利率上升至 r_1,均衡产出也增加至 Y_1,其中,($Y_1 - Y_0$)的部分是由于公共投资的增加而带来的社会总产出的增加。这也就意味着,在投资不足的情况下,转移支付资金如果用于公共投资领域,完善基础设施,扶持基础产业,改善投资环境,会直接刺激经济的增长。同时,投资环境的改善也会进一步吸引私人资本的流动,间接拉动了经济增长。

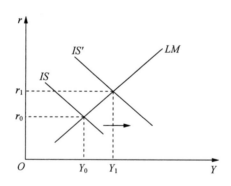

图 2 - 2　用于公共投资的转移支付资金对经济增长的影响

(三)转移支付用于公共消费支出对经济的影响

尽管转移支付的主要流向是提供公共服务和公共投资领域,但是仍然有部分转移支付游离于监管之外,被用于公共消费支出,成为地方政府的"吃饭钱"。现有较多研究表明,公共消费支出对经济增长没有明显的促进作用(Landau,1983,1986;Engen and Skinner,1992;Barro,1991,1997;等)。但我们仍然不能否认,适当的转移支付用于贫困地区公共消费,对经济仍然还是有积极效应的。这是因为,公共消费支出是社会总需求的组成部分,能够拉动社会总产出水平。公共消费支出是贫困地方政府运转的先决条件，转移支付用于公共消费可以在一定程度上改善办公环境，提高行政效率。然而，对一个县而言，一个年度获得的转移支付资金往往是固定的，因此，在使用转移支付的过程中，要注意到以上这三种支出方向此消彼长的关系，如果增加了公共消费支出，则会减少其他用途的转移支付，因此，必须严格控制公共消费的转移支付资金，寻找转移支付资金使用的最佳组合，这样才能最大限度地促进经济增长。

第三节　财政平衡与转移支付理论

一　财政平衡制度与理论

如前所述，由于事权与所需财力之间的不匹配，加上地区间经济发展以及社会、文化、地理等原因，政府间纵向财政不平衡和横向财政不平衡成为一种常态，而财政平衡只是一种理想状态。如何运用财政政策和财政体制安排促使这种非平衡逐步接近于平衡状态，不仅是各国政府需要考虑和建立的，更是众多财政学家研究的一大重点课题。

虽然在财政平衡制度建立之前，在分权型国家（如英国、美国、加拿大等）就已经对税收收入在各级政府间进行分配，并且有了政府间转移支付，但是这种转移支付并非以财政平衡为目标，而主要是防止国家分裂、巩固国家统治的政治需要①，因此谈不上形成具体的财政平衡体系。最早的财政平衡制度起源的标志是1933年澳大利亚成立的联邦补助委员会。该机构的主要职责是为了审核各州提交上来的补助方案。补助实施初期，主要以扶持弱小州的方式进行，具有明显的均等化功能。这种方法一直持续到20世纪70年代，最富裕的两个州新南威尔士州和维多利亚州对这种方式提出了

---

① 课题组：《财政均衡制度的起源和概述》，《决策与信息》2006年第6期。

异议，认为扶弱实际上是联邦和富裕州对贫困地区的"供养"，而没有考虑到富裕地区在某些方面的财政支出需要也亟须得到满足，如大城市的人口流入问题等。于是，1977年，澳大利亚在对各州财政需求进行充分评价的基础上建立了覆盖全国的财政平衡制度。澳大利亚的财政平衡制度具有以下几个特点：第一，建立了相对独立和中立的"联邦补助委员会"这一专门机构对转移支付进行审核；第二，平衡制度的目标是实现公共服务均等化，根据各州的支出需求和财政能力来确定补助金额；第三，采用因素法来测算支出需求和财政能力。由于因素庞杂，所以澳大利亚的平衡制度相当复杂，有的方面被认定为专家级别。

其后，加拿大、德国、日本、美国等国家纷纷建立了财政平衡制度，且各具特色。例如，加拿大的财政平衡制度采用5个中等收入省的人均财政能力作为平衡标准，通过联邦政府拨款进行，因此加拿大的财政平衡制度相对比较简单。德国的平衡制度的特点在于"多层次平衡"：第一个层次是包括增值税平衡在内的基础性平衡，使各州财政能力达到全国平均水平的92%以上；第二个层次是以州之间的横向转移支付方式进行的，使各州财政能力达到全国平均水平的95%；第三个层次是联邦政府的财政拨款，力求使各州财政能力达到全国平均水平的99.5%。美国虽然没有一般性的均等化转移支付，但是其大部分补助都是联邦政府直接补贴给个人，或者联邦政府通过州政府补贴给个人，因此，仍然带有强烈的居民个人均等化色彩。美国的转移支付的特点在于具有庞杂的专项转移支付，有些转移支付具有明显的均等化功能。

综合各国的财政平衡制度，可以发现以下几个特点：第一，财政平衡制度产生于财政分权。分权的本质是中央和地方财政的相互制衡，当这种相互制衡关系被打破，并且威胁到国家政治统一时，就需要建立财政平衡制度再一次来分配财政资金。第二，财政平衡制度产生于纵向的财政不平衡。当上级政府集中过多财政收入，而且越到顶层，集中力度越大的时候，基层政府支出需要得不到满足的话，纵向财政不平衡便会导致地方政府难以履行事权责任，于是，需要从上级政府手中拿出部分收入，建立财政平衡制度在中央和地方之间进行收入再分配。第三，财政平衡制度也产生于横向的财政不平衡。各地区发展差距最直接的体现是人均收入的差距和政府财力的差距，由此带来了政府提供公共服务的不平衡。这种不平衡将导致严重的财政不公平，最终使平等的人因为居住地的不同而受到不平等的财政对待。第四，财政平衡制度的最重要手段是转移支付，不仅包括纵向的转移支付，还包括以德国为代表的横向转移支付。通过政府间资金的无偿转移，基本平衡各地财政能力。

对财政平衡上升到理论高度的研究可以追溯到 20 世纪 50 年代。布坎南（Buchanan）1950 年发表在 *The American Economic Review* 上的文章 *Federalism and Fiscal Equity*，被誉为财政平衡理论的奠基之作。他强调在联邦制国家，由于联邦和州之间存在财政能力的纵向不平衡，因此，出于财政公平和效率的考虑，财政政策应该致力于实现财政公平。布坎南认为财政公平的核心应该是每一个处于平等地位的人都能够得到"平等的财政对待"（equal treatment for e-quals）。具体而言，收入相同的人，他们的财政剩余也应该一样，不能因为其居住地不一样而得到不一样的财政剩余，因此，布坎南的财政平衡观认为财政平衡是人之间的公平，而非地区、政府间的公平。但是，人之间的公平实际上是很难实现的，因此他设计了一个简单的财政平衡模型，通过联邦对州的转移支付使州之间的财力达到平衡，从而保证横向财政公平的实现。总之，布坎南虽然聚焦于个人的财政剩余平等，但实现这一目标必须依托财政资金在政府间的转移，这种资金转移方向与地区财力公平的要求是一致的。也就是说，没有转移支付，就很难达到地区间财力公平，从而也就无法实现地区间个人的财政剩余公平。

J. Graham（1963）追随了布坎南的观点。他认为，如果公共品能够根据受益原则供给的话，那么多纳税，则多享受，少纳税，则少享受，这样就不会存在个人的财政剩余的差别。但是实际上，公共品不能完全根据受益原则提供，且公共品效用具有不可分割性，所以均等化转移支付在横向公平中是非常重要的。当然，Graham 的受益均等原则提出的人与人之间收入差别带来公共品受益差别必然会进一步导致人与人之间的不公平。Graham 认为，可以将地区间的财政能力看作是个人横向财政均等的一种近似替代，因此，联邦政府提供对州政府的补助而非直接面向个人。Graham 还提出要根据"财政需要"的因素，制定一个尽可能高的、全国统一的公共服务供给最低标准，并且要求州提供这种水平的公共服务。"财政需要"得到了后来一些学者的重视，由于公共服务成本的不同，可能相同收入能力和相同支出水平的两个地区中，公共服务成本较高的地区的财政支出需要也高，那么这个地区个人的财政剩余较低。因此，均等化制度应该全面考虑到收入水平和支出需求差异。R. Boadway 和 D. Wildasin（1984）进一步扩展了布坎南财政横向平衡理论，由于地区间税基不一样，所以产生地区间的财力分配不均等，而且税基少的地区可能面临着较大的财政支出需求，这种应税能力和支出需求的差距就会产生横向的财政不平衡。如果采用联邦政府转移支付，则会扭转这种差距，实现地区间财政横向公平。R. Boadway 和 F. Flatters 与加拿大经济委员会携手，建立了 1982 年加拿大平衡制度，通过联邦政府对州政府的平衡性转移支付，达到所有的人都应该享受到相同的财政对待的均等化目标。他们在模型中引入了人均和总量转移支付，计算出各州人均平均税收和人均实际税收，两者之间的差额即为平衡性转移支付的依据。他们以加拿大中等收入的 5 个省作为人均收入的参考，以使各州的财力水平能够达到全国中等水平。其后，许多学者也加入到对加拿大财政平衡理论与实践的讨论中来。A. Shah（1996）对当时加拿大的均衡财政体制进行评价时，认为均衡性财政体制只关注人均税负的均等，但是却忽略了支出方面的需求，他建议，应该根据对再分配的影响和未来联邦政府减少均等性转移支付的总量的计划来制定财政支出需求。R. Boadway 和 M. Hayashi（2004）认为，加拿大的转移支付再分配手段会使省级收入的稳定性受到影响，因此均衡系统实际上是不稳定的，它加强了省份潜在收入来源的波动性，这些潜在波动的收入来源超过了不均衡情况下存在的数量。M. Smart（2004）认为，转移支付的均衡化方案会破坏省级财政，主要反映在接受补助省份的均衡收入比自有收入更不稳定，从而出现财政收入风险。

综上所述，我们发现，对于财政平衡的研究经历了从实践到理论再到实践的过程，无论是在实践阶段还是在理论分析上，转移支付都是实现财政平衡的主要手段，也成为财政平衡研究中的重要内容。

二　转移支付的均等化功能

转移支付（fiscal transfers）是以各级政府的财政能力差异为基础，以实现各地基本公共服务均等化为主旨，通过财政资金在不同级次政府或者同级政府之间的再分配而实行的一种财政资金转移或者财政平衡制度。既然是一种财政平衡制度，那么，转移支付自然也就被赋予了均等化的功能。只有明确了转移支付的功能，厘清转移支付的均等化效应，才能在实际运用中选择合适的转移支付类型。转移支付的均等化功能包括弥补纵向财政不平衡和横向的财政不平衡。

（一）弥补纵向财政不平衡

纵向财政不平衡（vertical fiscal imbalance）即上下级政府间财力不均衡。在多级财政体制中，明确各级政府既定的支出范围和收入范围后，当某一级政府的财政收入难以满足支出需要而出现财政赤字，其他级次的政府却收大于支出现财政盈余时，纵向财政失衡就出现了。纵向财政失衡的表现形式主要有两种：一种是中央财政富裕，地方财政困难。按照事权划分原则，地方性公共品由地方政府提供，因此地方政府的支出责任较中央更为庞杂。按照收入划分的原则，中央集中了税基广、税源流动性大、增长快的大额税种，也集中了事关维护国家主权和利益、有利于中央宏观调控的税种，而把税基狭窄、税源零星且不易流动的税种划归为地方税。在这种支出责任和税收划分格局下，很容易出现中央财政富裕而地方财政收不抵支的现象。另一种是地方财政富裕，中央财政困难。中国1994 年分税制改革之前中央向地方借钱的"窘境"就是这一类纵向财政失衡的现实例证。以上两种情况，无论是基于公平还是效率，都是不理想的，都需要采取协调上下级政府间资金往来的措施来缩小这种纵向不平衡，而财政转移支付无疑是最重要和最合适的一种手段。

客观上，为了保证政局稳定、政令通畅以及社会经济协调发展，任何一个国家都有维护中央政府权威，限制地方政府势力过度膨胀的需要。那么，中央政府集中较多财力，不仅能够保证中央宏观调控能力，而且还能使地方政府在一定程度上依靠中央政府。当财权集中在中央政府手中，而事权下放给地方政府时，地方政府面临着收支缺口，这就需要财政资金从中央到地方流动。虽然，中央政府也能够履行地方政府的事权，提供地方性公共品，但是特里西（1981）的"偏好误识理论"证明了中央提供地方性公共品会造成效率损失。同时，中央对地方的转移支付也反映出中央政府主动加强与地方政府协调合作的意愿。一般而言，过度的集权和过度的分权都是不利的。过度的集权不利于调动地方政府的积极性，限制了地方公共服务的创新和实践，不利于公共服务多样性供给。过度的分权容易导致地方政府各自为政、恶性竞争，不利于中央宏观调控。转移支付是一个能够有效调剂中央和地方关系的工具。首先，转移支付种类多，各种类的均等化效应各不相同，因此，中央政府可以根据调控目标的不同选择合适的种类。其次，转移支付具有较强的政策功能，中央政府可以根据宏观经济社会发展的需要明确转移支付的目标，从而灵活选择转移支付的方式，确定转移支付的金额和使用方向。最后，转移支付由于具有规范性和法制性特征，中央政府可以通过法律法规规范转移支付资金的分配、使用和管理，使转移支付建立在公平、科学的原则之上，从而避免人为干预中央对地方的补助资金。

（二）弥补横向财政不平衡

横向财政不平衡（horizontal fiscal imbalance），即同级政府间的财政资金分配不均衡。从经济社会发展的进程来看，一国内部各地区间要素禀赋条件的先天差异是客观绝对存在的，因此，经济发展的不均衡是不可避免的，而经济发展均衡只是一个相对概念。经济决定财政，财政也反映着经济。地区间的经济差异决定了地区间财政收支的差异。收入上，在相同的税收努力前提下，各地区经济发展水平、产业结构、居民收入水平、对外开放程度的不同，使得财源分布存在很大差异；支出上，各地区自然环境、人口构成、行政管理效率等方面的差别，也会使得支出成本和支出需求存在很大差别。因此，经济发展程度差异在财政上的具体表现便是贫困地区财源狭窄、财政收入较少，但却要面临可能更为庞大的支出需求、更为高昂的支出成本，因此，贫困地区限于财力，只能为居民提供基本公共服务，甚至有的地区连保障基本公共服务都很困难；而经济发达地区财源宽广，财政充裕，能够为居民提供质量优良的公共服务。当这种情况出现时，即是横向财政不平衡。

　　要想达到完全绝对的横向财政平衡是不可能的，但是如果横向财政不平衡过大的话，则会影响到区域经济社会协调发展和社会的共同进步。第一，地区间财政状况差异过大会带来人口大规模流动，人口会自发地从公共服务供给低的贫困地区流向公共服务供给水平高的发达地区，从财政净收益低的地区流向财政净收益高的地区。大规模人口的涌入，将会导致公共品的拥挤成本上升，在一定程度上会降低发达地区的人口福利。第二，地区间财政状况差异过大会导致市场封锁和地方保护主义盛行。各地区为了避免财源外流，维护本地利益，保障本地财政收入，会设置各种进入和退出障碍，形成地区间的市场封锁和经济割据，不利于全国统一市场的形成和发展。而且，这种封锁还会导致各地区产业结构趋同，不利于全国范围内产业结构的优化和资源的合理有效配置，也不利于各地区建立具有比较优势的特色产业集群。因此，缩小和调节横向财政失衡是政府财政政策和制度的一个重要目标取向。

　　根据前文所述，限制贫困地区的经济发展的因素之一是资本，而贫困地区可能拥有比发达地区更加丰富的资源、更加巨大的开发潜力，因此中央政府通过转移支付加大对贫困地区的人力资本和基础设施投资，改革地方政府的行政体制、提高政府行政效率，加强贫困地区优势产业支持，扫清阻碍企业家才能和资源合理配置的障碍，则会对贫困地区经济发展起到重要的作用，从而扩宽贫困地区财源，充实地方政府财力，推动公共服务均等化。另外，与贫困地区比较，发达地区财政资金使用的边际效应是递减的，此时，以转移支付的方式把财政资金再次分配给贫困地区，不仅可以提高资金的使用效率，支持贫困地区发展，而且从国家全局的角度上考虑，还可以消除各地公共服务水平的差异，实现基本公共服务均等化，促进社会福利的提高。

当然，除了上述弥补纵向财政不平衡和横向财政不平衡的均等化功能以外，转移支付还具有解决公共品外部性的功能。公共品外部性和私人品的外部性一样，也分为正外部性和负外部性。当公共品的收益（或成本）超出了辖区规模，外溢到其他地区时，就会产生公共品的正（负）外部性。这也就意味着，当一个地区供给的公共品给其他地区带来效益或者损害时，其他地区并不会对受益或受侵害承担任何成本。对于正外部性公共品，由于本应由享受到的所有居民承担的成本，却只由一个辖区居民承担，此时，公共品效益会被低估，而供给成本会被高估，因此，正外部性公共品的供给数量将会减少。与此相反，对于负外部性公共品，本应由本辖区承担的成本却由其他辖区居民承担，此时，公共品成本会被低估，公共品收益被高估，因此，负外部性公共品的供给数量将会持续存在甚至有所增加。公共品外部性损害了相关地区居民利益和社会福利，也不利于地区经济关系协调。在这种情况下，上级政府通过转移支付给予下级政府一定的财政补助，鼓励正外部性公共品的供给，而对负外部性公共品遭受损失的地区和居民给予弥补，可以有效调节和干预具有外部性公共品的供求。

三 转移支付的均等化效应

一般而言，上级对下级的纵向转移支付可以分为无条件拨款和有条件拨款两种基本类型。在很多文献中，无条件拨款被认为是具有均等化效果的转移支付类型，而有条件拨款的转移支付的均等化效果并不明显。事实上，均等化效果与拨款的使用方向固然有关，但其究竟是否与被规定使用方向的有条件转移支付类型相关则不可一概而论，因为有可能有条件拨款的具体使用方向是基本公共服务。同时，均等化还与拨款取得的依据有关，如果拨款取得的依据不是基于缩小公共服务水平差距的话，即使是无条件拨款，有可能也没有均等化效果，甚至是逆均等化的。[①]

（一）无条件拨款

无条件拨款不规定拨款的使用范围和要求，拨款接受者可以自由使用拨款，拨款的取得有时候取决于拨款接受者的行为。如图 2 - 3 所示，横轴表示某地居民消费的地方政府提供的公共品 G，纵轴表示居民消费的其他产品 F。在获得无条件拨款前，地方政府的预算约束线是 AB，与无差异曲线相切与 E_1，对应的公共品供给数量是 G_1，其他产品消费量 F_1。地方政府取得无条件拨款后，地方政府的预算约束线外移到了 CD，新的均衡点在 E_2，对应的公共品的提供数量是 G_2，其他产品消费量 F_2。无条件拨款相当于增加了地方政府的收入，产生了收入效应。

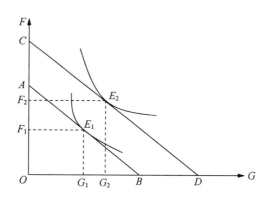

图 2 - 3 无条件拨款的均等化效应

弥补纵向财力不均衡的转移支付一般采用无条件拨款的方式，目标是平衡人均财政收入与支出的差异；缩小横向财政不均等的转

---

① 钟晓敏、叶宁：《中国地方财政体制改革研究》，中国财政经济出版社 2010 年第1 版。

移支付也采用无条件拨款的方式，主要是基于财政能力与支出需求之间的差异。后者的无条件拨款具有均等化效果。

然而，虽然无条件转移支付被视为最具均等化效应的转移支付类型，但是无条件转移支付未必都具有均等化效应。判断转移支付的均等化效应，不仅要看转移支付的使用方向和范围，更要看获得该项转移支付的依据。如果一项转移支付并非以均等化人均财力或地方政府财政能力和支出需要为考量的话，均等化效应反而会大大减弱，甚至出现激励效应。例如，中国目前实施的税收返还，虽然也没有规定具体用途，但却是按照收入来源地进行返还的，因此，税收返还的均等化效应很弱，它所发挥的主要是激励作用。

（二）有条件拨款

有条件拨款也称为专项拨款（categorical grants），根据是否需要申请拨款政府提供配套资金可以分为配套拨款（matching grants）和非配套拨款（non - matching grants）。拨款者在某种程度上制定了拨款的用途，拨款接受者必须按规定的方式使用拨款资金。有条件拨款的目的既可能是使某一地区对其他地区的外部性内部化，这种情况下是以外部性的大小为拨款依据，因此不具备均等化效应；也有可能是以当地财力为基础，为欠发达地区提供教育、医疗、基础设施等专项资金的拨款，这时即使是专门规定了拨款资金的使用方向，也均有均等化效应。例如，澳大利亚的转移支付大部分采用的专项拨款的方式，取得了很好的均等化效果。

1. 非配套拨款

非配套拨款是指拨款者提供一笔固定数额的资金，规定必须用于指定项目，但并未要求接受者提供配套资金。如图 2 - 4 所示，假设一笔非配套拨款的用途是购买公共品 G。地方政府在接受这项拨款后，可以购买比从前多 AH 数量的公共品，因此，新的预算约束线在原预算约束线的基础上平行移动 AH 的距离，但由于拨款规定了具体用途，因此，新的预算约束线是折弯的预算线 AHD。此时，E_3 点是效用最大化的点。公共品 G 的消费量从 G_1 增加到 G_3，但是两者的差额小于补助额 AH。这说明地方政府在按规定把非配套拨款

全部用于 G 的支出时，减少了自身用于 G 的支出。因此，非配套拨款和无条件拨款带来的效果没有差别，都增加了公共品 G 的消费量，但非配套专项拨款对 G 的消费量小于无条件拨款下对 G 的消费量。

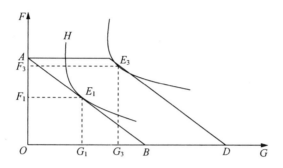

图 2-4 有条件非配套拨款的均等化效应

如图 2-5 所示，在有条件非配套拨款下，地方政府选择 H 点，对应的公共品 G 的消费量为 G_3。在无条件配套拨款下，地方政府选择 E_2 点，比 H 点的效用水平更高。无条件拨款给地方政府更大的选择权，带来的福利水平的提高也大于或至少等于有条件拨款，因此地方政府倾向于获得无条件拨款。然而，上级政府之所以选择较低的福利水平，大多是出于某种政策目的，福利水平的下降是上级政府为实现某种政策目标的代价。

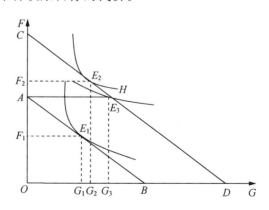

图 2-5 有条件非配套拨款和无条件拨款的均等化效应比较

2. 配套拨款

配套拨款是指接受拨款的政府需要提供一定比例的配套资金，才有资格获得上级政府的拨款。有条件的配套拨款又可以分为封顶的配套拨款和不封顶的配套拨款。封顶的配套拨款规定了拨款的最高限额，而不封顶的配套拨款的最高限额不受限制，只要接受拨款的政府能够提供配套资金就给予拨款，拨款一般是按自有资金投入的某个百分比来拨付。两种拨款的经济效应有时是一致的，有时却是不一致的。如图 2 - 6 所示，在转移支付前，某地居民的最佳选择在 E_1 点上。在实行配套封顶的情况下，新的预算约束线为折线 AHC。在 AH 段，拨款政府按 BD/OD 的比例提供拨款；但在 HC 段，政府将不再提供拨款。均衡点 E_4 对应的公共品 G 的消费量为 G_4，该数额大于没有得到拨款之前的 G_1。AD 描述的是配套不封顶拨款时的预算约束线。均衡点如果在 HD 段上出现，对应的公共品 G 的消费量大于 G_4，原因是不封顶配套拨款刺激了公共品 G 的消费。然而，如果地方政府得到配套拨款后，均衡点出现在 AH 段，无论是封顶拨款还是不封顶拨款，公共品 G 的消费量都是一样的。因此，选择采用何种拨款方式，不仅取决于拨款方式本身可能产生的经济效应，还取决于拨款接受者的特点。

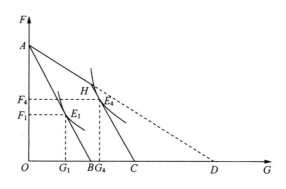

图 2 - 6　有条件配套拨款的效应

本章小结

　　本章从多级财政体制理论出发，对事权与支出责任划分、收入划分、转移支付三要素与县级财力配置进行了探讨，并明确了事权与支出责任、财力以及转移支付之间的逻辑关系；从区域经济理论出发，探讨县域经济差距直接导致县级财力差距，以及县级财力差距作用于县域经济差距的机理；从财政平衡理论出发，探讨转移支付的均等化功能和均等化效应。

第三章 转移支付与县级财力的
现状分析与假说

　　1994 年中国分税制财政体制改革，确定了中央和省级政府的财政关系，逐步建立和规范了中央对省级的转移支付制度。然而，分税制改革并没有在根本上触及省以下财政体制。各省结合本地的实际情况，制定了各具特色的省以下财政体制。[①] 同时，为了平衡区域财力差距，促进公共服务均等化，各省也比照中央对地方的模式制定并实施了省内的转移支付制度，使得各省转移支付制度呈现出百花齐放的态势。由于转移支付是对地方自有财力进行的再分配，因此，转移支付后的县级财力必定会发生变化。本章将基于中国县级财政的特殊地位和县级转移支付的一般性发展规律，梳理县级转移支付的项目构成，总结各具特色的县级转移支付中的"个性"和"共性"，并在此基础上进行县级财力的规模与结构分析。

---

　　① 关于省以下财政体制的建立模式，学术界对其存在较大分歧。以贾康（2005）为代表的一种观点认为应该在省以下实行规范的分税制；而以刘尚希（2012）为代表的一种观点认为中国区域经济社会发展存在较大差距，不应该"一刀切"地在省以下财政体制上全部实行分税制，而应该因省情而定。

　　另外，对当前省以下财政体制的分类也没有形成统一意见。如段国旭（2009）把省以下财政体制划分为"链式动力：主体税种分税制"、"点式动力：非主体税种分税制"、"面式动力：老体制"三种类型。王朝才等（2008）选择了除 4 个直辖市和西藏以外的 26 个省份作为分析对象，认为江苏、浙江、福建 3 个省采取基数加增量定比分成的体制，而其余 23 个省采取的是程度不一的分税制。而部分学者（贾康，2005；王广庆等，2010；等）则直接划分为"省管县"财政体制和"省管市、市管县"财政体制。

第一节 县级转移支付的主要内容

一 县级政府与县级财政的地位

"县"是中国最古老的行政建制，萌芽于西周，产生于春秋，确立于战国。秦统一中国后，在全国范围内推行"郡县制"，设置了300多个建制县，至今，"县"已经有2600多年的历史，无论朝代怎么更换，社会如何变革，政府体系如何变化，县级政府始终是中国历史上最为稳定的一个层级。[1] 新中国成立后，中国实行"二元"城乡分治的制度，县级政府直接面对农村居民，管理着广大的国土资源，服务着重要的农业资料生产，承担着大量的公共服务供给职责，对于确保国家政权稳定和经济社会协调发展具有重要作用。在多次行政区划的调整中，县级建制的地位从来没有动摇过，正是县级政权在中国政治和行政中的重要性和稳定性的充分体现。

国民经济恢复时期，中国地方建制实行的是"大区、省、县、乡"四级制或"大区、省、县、区、乡"五级制，1952年，全国县级建制共有2149个，县级政府受省级政府的领导。为了新时期发展需要，"一五"时期，中央对地方政府层级设置进行了相应调整，撤销大区行政委员会，中央直接领导省级政府，在一些省和县级政府之间设置专员公署，专员公署作为省政府的派出结构，接受省政府领导，并对县级政府工作进行指导，由此形成"省、县、乡"三级制和"省、县、区、乡"四级制。1958年，中央在农村地区建立人民公社，作为工农商学兵结合的基层政权；1959年，实行直辖市和较大的市可以直接领导县，于是，"大跃进"时期，中国实行"省、县、人民公社"三级制和"省、市、县、人民公社"四级制。"文化大革命"时期，各级人民政府被革命委员会取代，专员公署

---

① 冯俏彬：《从政府层级改革中探求政府治理模式的根本改变》，《财政研究》2004年第7期。

改称为地区，设立地区革命委员会，改变其派出机构的性质，成为一级地方政权机关；同时，县级政府改名为县革命委员会，受地区革命委员会的领导。

改革开放以后，各级革命委员会重新改为各级地方政府，1983年取消人民公社，恢复乡镇建制。至此，中国经过50多年的调整，地方政府层级形成了现今"省、市、县、乡"四级制或"直辖市、县、乡"三级制。截至2014年年底，中国县级行政区划共计2854个，其中，市辖区897个，县级市361个，县1425个，自治县117个。

"一级政府，一级财政"是多级财政体制存在的基本前提，县级政府必须有县级财政的支持才能够履行政府职能。县级财政是中国财政层级的重要组成部分，是国家财政的基础，主要体现在：第一，县级行政区域内的税源占全国税源的比重很大；第二，县级行政区域内的人口占全国总人口的比重最大，绝大部分的居民居住在县级政府的管辖区域内，县级政府与公众接触得最为紧密，县级财政有责任向辖区内的城乡居民提供公共服务，因此，县级政府的支出责任较为繁杂；第三，县级政府作为衔接城乡的基层政权组织，县级财政肩负着统筹城乡发展、发展本地经济和提供地方性公共品的职责。县级政府的社会经济管理职能必须有充足的财力作为保障，这些财力的筹集、运用以及对资金的管理、分配和监督都靠县级财政来落实。

二　县级转移支付的项目构成与变迁

目前，中国的转移支付制度源于1994年分税制财政体制改革。为保证改革的顺利进行，减少改革阻力，中央在保证宏观调控力度、促进均等化并兼顾地方利益的基础上实行原体制补助、税收返还、一般性转移支付和专项转移支付结合的转移支付。由于在财政体制改革之初没有明确省以下财政体制，因此，省以下转移支付大多比照和借鉴了中央对省级的转移支付，形成了现行的县级转移支付制度。虽然由于省情原因，对县的转移支付有的是直接核算到县，有的通过市级再核算到县，但是都直接或间接地受到中央、省和市的影响。同时，县级转移支付资金绝大部分间接来自中央财政，而省级财政只是对中央补助资金的二次分配。[①] 由此可见，中国县级转移支付的设计思路秉承了中央对省级转移支付，其项目构成和变迁与中央对省级转移支付也保持了一致性。

（一）税收返还

1994 年财政体制改革中，税收返还和原体制补助作为调动地方增收积极性并维护地方既得利益的主要措施工具。税收返还包括了增值税和消费税返还、所得税基数返还以及成品油价格和税费改革税收返还。增值税和消费税返还原属地方支柱收入，后把增值税的 75% 和消费税的 100% 上划为中央收入后，以 1993 年为基数，由中央给予基数返还。2002 年，为了配合所得税分享改革，所得税基数返还开始实施。具体做法是，除铁路、国家邮政、中国工商银行、中国农业银行、中国银行、中国建设银行、国家开发银行、中国农业发展银行、中国进出口银行以及海洋石油天然气企业缴纳的所得税继续作为中央收入外，其他企业所得税和个人所得税由中央与地方按比例分享。2002 年所得税收入中央分享 50%，地方分享 50%；2003 年以后所得税收入中央分享 60%，地方分享 40%。以 2001 年为基期，对按改革方案确定的分享范围和比例计算出的地方分享的所得税收入，小于地方实际所得税收入的差额部分，由中央作为基数返还给地方。2008 年，实施成品油价格和税费改革后，按地方原有的公路养路费等"六费"收入基数给予返还，具体额度以 2007 年的"六费"收入为基础，考虑地方实际情况按一定增长率确定。2009 年，为简化中央对地方实施返还和转移支付结构，将出口退税超基数地方负担部分专项上解等地方上解收入也纳入税收返还，以冲抵返还额。

（二）原体制补助

原体制补助是从财政包干体制延续下来的方法，是为了部分保

---

① 王广庆、王有强：《县级财政转移支付变迁、制度与分配》，《经济学家》2010 年第 12 期。

留分税制以前各地方对中央的补助和上解关系而设立的一类补助，一般情况下是一个固定值。

（三）一般性转移支付①

1995 年，为了配合分税制的实施，建立了过渡期转移支付。2002 年所得税分享改革后，过渡期转移支付改称为一般性转移支付，原来的一般性转移支付更名为财力性转移支付。2009 年，为进一步规范财政转移支付制度，财力性转移支付改称为一般性转移支付，原一般性转移支付更名为均衡性转移支付。

与此同时，扩大了一般性转移支付的范畴，把均衡性转移支付、民族地区转移支付、调整工资转移支付、农村税费改革补助等合称为一般性转移支付。一般性转移支付的主要政策功能是为了弥补财力薄弱地区的缺口，均衡地区间财力差距，实现地区间基本公共服务均等化。

另外，在清理整合专项转移支付项目的基础上，把原列入专项转移支付中的、需要长期安排补助资金、补助数额相对固定且主要用于基础公共服务的补助项目，划入一般性转移支付。这类资金在划归一般性转移支付之前虽然规定了具体用途，但是由于其主要方向仍属于基本公共服务领域，如教育、社会保障和就业、公共安全、一般公共服务等，体现了公共服务均等化目的，因此具有均等化效应。

1. 均衡性转移支付

按照公平、公正、循序渐进的原则，根据 2011 年财政部《2011 年中央对地方均衡性转移支付办法》的相关意见，各省均建立了均衡性转移支付制度。一般来说，均衡性转移支付选取了影响财政收支的客观因素，考虑了人口规模、人口密度、海拔、温度、少数民族等成本差异，核算各地标准财政收支差额及转移支付系

---

① 除本书介绍的五类一般性转移支付外，县级一般性转移支付还包括从 2007 年开始为期四年的涉及 15 个省的资源枯竭型城市转移支付、2008 年开始实施的国家重点生态功能区转移支付等，这些转移支付由于实施时间短，且覆盖范围尚不稳定，没有前后可比性，因此，本书没有对其进行详细介绍和分析。

数，并设计了增幅控制调整和建立情况。计算公式为：

地方均衡性转移支付 =（标准财政支出 – 标准财政收入）× 转移支付系数

其中，标准财政收入是指在全国收入努力程度相等的前提下，按照各项地方税收的经济税基和标准税率计算出来的收入，反映的是地方政府的理论收入而非实际收入。具体而言，各省的标准财政收入可以按照如下公式计算：

某税种某省标准财政收入 = 某省人均税基 × 全国平均有效税率 = 某省人均税基 ×（全国人均该税种收入/全国人均税基）= 全国人均该税种收入 ×（某省人均税基/全国人均税基）

由于不同的税种的经济税基不同，各税收入的测算方式也不一样，如增值税的税基为 GDP，营业税的税基为第三产业产值，个人所得税的税基为城乡居民收入等。

标准财政支出是在全国支出效率相等的前提下，以总人口为主要因素，根据海拔、人口密度、温度、运输距离、少数民族、地方病等客观因素确定成本差异系数，分省、市、县（含乡镇级）测算出来的支出，反映的是地方政府的理论支出需要而非实际支出水平。

转移支付系数的确定，是以均衡性转移支付总额、各地标准财政收支差额以及地区财政困难程度为标准确定的。其中，根据标准财政收支缺口占标准财政支出的比重以及各地一般预算收入占一般预算支出的比重来确定各地的财政困难程度。

2. 民族地区转移支付

为了配合西部大开发战略，促进民族地区社会经济发展，从2000 年起，中央对 5 个民族自治区以及贵州、云南、青海 3 个财政体制视同民族省份和吉林延边、甘肃临夏等 8 个非民族自治地方的民族自治州实行了民族地区转移支付。2006 年，又纳入了 53 个非民族省区以及非民族自治州的民族自治县，至此，民族地区转移支付覆盖了全国所有的民族自治县。民族地区转移支付的资金来源有以下两个渠道。一是 2000 年中央专项增加 10 亿元资金，之后每年按上年中央分享的增值税收入增长率递增。二是对 8 个民族省区及非民族省区的民族自治州的增值税收入，采用环比的方法，将每年的增值税收入增长部分的80%用于转移支付给民族地区。其中，为调动地方增收的积极性，这部分增量的一半采取来源地返还的方式，另一半采用因素法方式分配，以体现公平原则。

从 2010 年开始，民族地区转移支付的资金来源更为充沛，分配标准更加公平，主要体现在：第一，民族地区转移支付总规模按照前三年全国增值税收入的平均增长率滚动递增。第二，资金分配区分民族省州和自治县两类，民族自治县转移支付规模在上年度补助的基础上，统一按照前三年增值税收入平均增长率滚动递增。转移支付总额扣除分配给民族自治县后的部分，在 8 个民族省区之间分配，其中，70%的部分按照因素法分配，30%的部分根据各地上划增值税贡献因素进行激励性分配。

3. 调整工资转移支付

为了应对亚洲金融危机，缓解国内有效需求不足的情况，1998年中国实行了积极财政政策，一方面加大政府投资力度，另一方面实施了提高中低收入者收入水平的政策，1999 年至 2009 年，五次增加财政供养人口的工资待遇或离退休费。调整工资转移支付根据各地财政供养人员和调资标准进行计算。鉴于各地财政状况不同，各地财政对增加支出的承受力度也不尽相同，因此，对于北京、广东、浙江、上海、江苏、天津、五个计划单列市以及沈阳、福州、济南等经济发达地区，对县级调整工资转移支付由省级或地市级财政自行解决；辽宁（不含大连、沈阳）、山东（不含青岛、济南）、福建（不含福州、厦门）中央补助40%，地方解决其余60%；其余地区中央给予全额补助。

4. 农村税费改革转移支付

为了从根本上减轻农民负担，促进农业和农村经济发展，中国从 2001 年开始逐步实施了农村税费改革。由于涉农税收是县乡财政的一大收入来源，农村税费改革必然会导致县乡财政收入锐减，出现不同程度的财政收支缺口，农村税费改革转移支付正是在这一背景下出台的。2001 年起，各地实施了降低农业特产税率、取消屠宰税、取消乡镇统筹、降低存提留等措施，中央对地方净减收的部分给予适当补助，并直接由中央核算补助到县。2004 年取消了除烟叶特产税以外的农业特产税，2006 年全国范围内取消农业税。由此减少的地方财政收入，原则上发达地区自行消化，粮食主产区和中西部地区由中央给予适当补助。其中，中西部粮食主产区补助比例为100％，非粮食主产区80％；东部粮食主产区（含福建）50％，非粮食主产区不予补助。具体计算方法是以 2002 年为基期，根据农业特产税和农业税实收数（含附加）核算确定。

5. 缓解县乡财政困难转移支付

为缓解县乡财政困境，提高基层政府的执政能力，鼓励财政资金向基层政府下移，2005 年中央出台了"三奖一补"政策。"三奖一补"实际上是采用"以奖代补"分配转移支付资金的一种形式。具体包括了对财政困难的县乡政府增加县乡税收收入，以及省市政府增加对财政困难县一般性转移支付给予奖励，以调动地方政府解决缓解县乡财政困难的积极性和主动性；对县乡政府精简机构和人员给予奖励，以促进基层政府提高行政效率，降低行政成本；对产粮大县给予奖励，以调动粮食生产积极性，确保粮食安全；对缓解县乡财政困难工作做得好的地区给予补助。

2009 年，中央专门安排 50 亿元支持地方建立县级基本财力保障机制，用于奖励重视缓解县乡财政困难工作，主动安排财力，缩小本地区财力差距，促进本地区财力均衡发展以及解决省以下财政困难工作做得好的部分地区。这些地区主要包括吉林、江苏、浙江、安徽、海南、江西、贵州、四川、宁夏、新疆等省区。各地根据自身的县级财力均衡程度、保障程度和财政困难程度，统筹建立县级基本财力保障机制。

（四）专项转移支付

相对于一般性转移支付而言，县级专项转移支付的使用方向和范围有着明确规定，涉及项目众多，覆盖了教育、环境、卫生、农业等各领域。县级专项转移支付采取因素法、项目法和因素与项目法结合的方法进行资金分配。其中，采用因素法分配的专项转移支付包括以下三种模式：

（1）"中央因素法，地方项目法"模式，即中央财政采用因素法确定地方专项资金规模，地方以资金规模为依据进行项目管理，如西部地区基层政权建设资金、生猪调出大县鼓励资金、边境地区专项转移支付资金等。

（2）"中央因素法，地方因素法"模式，即中央和地方均采取因素法层层下拨资金，如新型农村合作医疗补助、优抚对象抚恤补助、农资综合直补资金等。

（3）"中央因素法，地方自主"模式，即中央通过因素法确定地方资金规模，地方相关部门自行安排，如老少边穷地区纪检监察办公办案补助经费、质量技术监督专项补助等。

以项目法为分配标准的专项转移支付，要求财政部门和有关部门根据国民经济和社会发展情况编制项目计划，建立项目库，实行项目滚动管理。除法律、行政法规和另有特殊规定外，项目法专项转移支付一般需要经过如图 3 - 1 所示的流程。

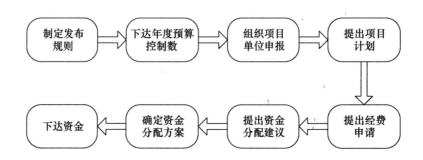

图 3 - 1　项目法专项转移支付资金申请审批流程

除因素法和项目法以外，一些专项转移支付还采用因素法和项目法结合的方式，如中小商贸企业贷款贴息、城镇污水处理设施管网建设、下岗失业人员小额贷款贴息等。贴息和以奖代补等方式不仅调动了更多的社会资源，也激发了地方政府的积极性。

（五）上解支出

根据财政体制的安排，县级财政要把财政收入按照一定比例上解给上一级财政，主要包括体制上解和专项上解。

1. 体制上解

为提高上级财政的宏观调控能力，均衡地方财力差距，上级政府对预算收入大于支出的县级财政核定上解比例或数额，由国库根据预算收入的入库情况和规定的上解比例或上解数额办理分成上解，年终再按体制和上解数额进行结算。由于目前中国大部分县级财政收入状况不容乐观，因此县级体制上解支出一般集中在发达地区。

2. 专项上解

为了推动跨县域公共品供给，上一级财政往往要求县级财政上解部分资金专门用于这类公共品提供。

三　县级转移支付的"个性"与"共性"

目前，中国基本已经形成中央、省（有的地区还有市级）对县级的多层次转移支付体系①，而这也决定了中国 2000 多个县级转移支付既存在中央对其转移支付的"共性"，又存在由于各省财政体制的差异带来的"个性"。

（一）县级财政转移支付的"共性"

（1）县级转移支付都囊括了税收返还、一般性转移支付和专项转移支付三大类型，而财政富裕的地区还有对上级政府的上解性支出。税收返还是分税制改革后，为了不挫伤地方积极性、保证地方既得利益而采取的一项财力补偿措施，包括消费税和增值税返还、所得税基数返还、成品油价格和税费改革税收返还。返还资金由中央财政提供，在省、市、县三级政府之间进行分配。一般性转移支付制度主要包括均衡性转移支付、民族地区转移支付、调整工资转移支付、农村税费改革转移支付、缓解县乡财政困难转移支付（即

---

① 王朝才、冷永生、王彦荣：《县市政府财力自主性与转移支付制度》，《经济与管理研究》2008 年第 12 期。

"三奖一补")等。其中，均衡性转移支付、调整工资转移支付和农村税费改革转移支付在省以下一般性转移支付中所占比重达到60%以上，成为一般性转移支付的主要类型。① 在均衡性转移支付的设计上，绝大部分地区都参照了中央对地方均衡性转移支付的公式法分配测算方法，按照辖区内市县的标准财政收支差额和转移支付系数确定转移支付数额。专项转移支付是转移支付项目最多的一类，主要体现了上级政府的政策目标，需要下级政府提供配套资金，并且实行专款专用，使用方向集中在支农、文教卫生、社会保障、基本建设等方面。

（2）县级转移支付的完善过程与中央对省级转移支付的完善过程是一致的。以均衡性转移支付为例，中央于1995年开始实施过渡期转移支付，2002年随着所得税分享制度的确定，建立了较为稳定的转移支付资金增长机制。各省也在中央的要求下，按照过渡期转移支付办法，在1998年之前相继建立了省以下一般转移支付，并且随同中央对省的一般性转移支付办法每年制定一次。② 又如，2009年财政部出台建立县级财力保障机制后，各省在确保各县实际需要、兼顾省级财力的基础上，相应建立了最低财力保障机制。

（3）转移支付向老少边穷县倾斜，体现了一定的均等化作用。各省通过设立专门针对老少边穷地区的转移支付项目以及提高一般性转移支付系数的方式，对老少边穷地区困难县市进行补助。采取设立专门的转移支付项目的地区主要是海南、贵州等，设立了困难地区转移支付；湖南、甘肃、广西等省区实施了省对县的民族地区转移支付；广西、湖北设立了革命老区转移支付，广西、内蒙古出台了边境转移支付。而湖北、河北、广东、广西、吉林等省区则采用了提高一般性转移支付系数的做法。

（4）建立县级最低财力保障机制。为保障财政困难县的基本支

---

① 李萍、许宏才、李承：《财政体制简明图解》，中国财政经济出版社2010年第1版，第133—157页。

② 王广庆、王有强：《县级财政转移支付变迁、制度与分配》，《经济学家》2010年第12期。

出需要，各省均采取省级财力补助、专项拨款倾斜和市级补助等方式，对自有财力不能满足基本保障和运行需求的县给予补助，弥补财力缺口，确保基层政府的工资发放和机构运转。

（二）县级财政转移支付的"个性"

（1）转移支付层次的不统一。按照贾康等（2005）对省以下财政体制的划分方法，中国省以下财政体制可以分为"省管县"和"省管市、市管县"两种，则县级转移支付也就对应存在"中央—省—县"三层次和"中央—省—市—县"四层次。虽然，财政部在2009年发布的《关于推进省直接管理县财政改革的意见》中明确提出，在2012年年底前，力争全国除民族自治地区外全面推进省直接管理县财政改革，但是，由于民族地区仍旧实行"中央—省—自治州—自治县"的四层次，因此，依旧不能改变中国县级转移支付层次不统一的特征。

（2）激励性转移支付的多样化，主要包括实施奖励政策、建立关联机制两类做法。实施奖励政策是对一般预算增幅超过全省平均水平的县市给予定额或分档比例奖励，如山西、广东、黑龙江等省份。建立关联机制包括建立转移支付和财政收入增长的关联机制，如吉林等。建立转移支付和财政收支平衡的关联机制，如浙江、四川等。① 除此以外，吉林、湖南等省还建立了控制财政供养人员增长的机制；浙江、四川、江苏等省还对没有享受一般性转移支付的相对富裕的市县给予奖励措施，保证了这些地区发展经济、筹集财政收入的积极性。

（3）部分地方开始省以下生态转移支付的尝试和探索。为弥补由于生态保护和环境治理造成的财力损失，进一步鼓励市县政府保护环境、走可持续发展之路，促进基本公共服务均等化，浙江、甘肃、广西、四川等20多个省份开始探索并建立省以下生态转移支

---

① 李萍、许宏才、李承：《财政体制简明图解》，中国财政经济出版社2010年第1版，第133—157页。

付①，但各省份做法有明显差异。

第二节 县级财力的规模分析

一 县级自有财力规模

（一）县级自有财力在地方一般预算收入中的比重分析

一般情况下，中国地方政府由省、市、县、乡四级政府构成，四级财政分别为本级政府提供相应财政资金满足公共支出的需要。根据图 3 – 2 反映的四级地方政府一般预算收入占地方一般预算收入的比重情况，可以总结出以下规律。

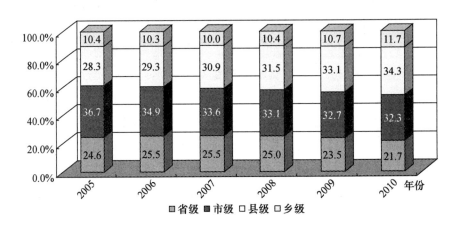

图 3 – 2　2005—2010 年地方一般预算收入分级构成

资料来源：2006—2011 年《中国财政年鉴》。

（1）省级一般预算收入占地方一般预算收入的比重逐年下降，从 2005 年的 24.6%一直不断下降到 2010 年的 21.7%，下降幅度最快的年度是 2010 年，比 2009 年下降了 1.8 个百分点。

---

① 李萍、许宏才、李承：《财政体制简明图解》，中国财政经济出版社 2010 年第 1 版，第 143 页。

（2）市级一般预算收入占地方一般预算收入的比重也呈下降趋势，但降幅略高于省级。在 2008 年之前，四级地方财政中，市级一般预算收入占地方一般预算收入的比重最高，意味着有超过 1/3 的地方财政收入集中在市级。2005 年市级占地方一般预算收入比重为 36.7%，2010 年下降到 32.3%，而此时，县级财政成为所占比重最高的财政级次。

（3）县级一般预算收入占地方一般预算收入的比重逐年上升，目前成为四级地方财政中所占份额最多的财政级次。2005 年，该比重仅为 28.3%，2010 年该比重达到 34.3%，5 年期间提高了 6 个百分点。可以看出，财政资金出现向县级政府流动的趋势。

（4）乡级一般预算收入占地方一般预算收入的比重最低，呈现先降后升的趋势，反映了乡镇政府财力范围缩小，政府职能逐步萎缩。这一现象与 1998 年全面推行农村税费改革、2006 年在全国范围内停征农业税以及 2006 年在全国推广乡财县管财政体制改革的有密切联系。

（二）县级自有财力的增速分析①

近年来，中国县级自有财力保持了强劲的增长势头，从 2005 年的 72163025 万元增加到 2009 年的 171784276 万元，总计增长了 1.38 倍，年均增长率达到 24.34%。从年均增长率来看，以 2007 年为"分水岭"，呈现出先快后慢的态势。2006 年，县级自有财力增长率为 18.3%，2007 年增长率达到 35.8% 的峰值；此后，2008 年开始，县级自有财力增速开始放慢，2008 年增速为 24.0%，2009 年增速为 18.1%（如图 3-3 所示）。

县级自有财力增速呈现先快后慢的原因，可能在于 2005 年中国开始大范围推行省管县财政体制改革，财力划分方式的改变使得市县两级的财力重新分布，市级财力在有所缩小的情况下县级财力得以扩充。同时，省管县财政体制改革刺激了县域经济的增长，这也

---

① 本书县级财政数据如无特别说明，均来自财政部预算司编写的 2005—2009 年《全国地市县财政统计资料》。

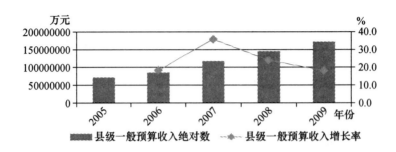

图 3 - 3 2005—2009 年县级一般预算收入绝对数和增长率

促使财政收入得到快速增长。2007 年年底开始，受到全球经济危机的影响，县域经济面临了较为困难的外部经济环境，导致经济增速放缓，财政收入相应的增长幅度也有所回落。

为了更好对比全国各地区自有财力的变化情况，本书分别对全国以及东中西部三大区域①的人均县级自有财力进行了汇总计算，表 3 - 1 反映了 2005—2009 年人均县级自有财力的绝对数及其增长情况。从人均自有财力的绝对数上看，东部地区县级人均自有财力高于全国平均水平，而中西部低于全国平均水平。三大区域中，东部地区县级人均自有财力最高，2006 年突破 1000 元，其次是西部地区，最少的是中部地区，2009 年三大区域人均县级自有财力之比为 2.64∶0.875∶1。从人均自有财力的增速来看，中部地区的增速相对比较稳定，特别是在 2007 年之后，基本保持在 25% 左右的增长水平，而全国平均水平与东西部地区增速呈现出一致特征，即以 2007 年为分界点的先升后降趋势。

（三）县级财政自给率分析

财政自给率是指一级政府一般预算收入与一般预算支出的比值，是衡量一级政府财政状况的一个重要指标。一般来说，财政自给率

---

① 东部地区包括北京、天津、河北、辽宁、山东、江苏、上海、浙江、福建、广东和海南 11 个省、自治区和直辖市；中部地区包括河南、湖北、湖南、安徽、江西、山西、吉林和黑龙江 8 个省；西部地区包括内蒙古、云南、贵州、广西、四川、重庆、陕西、宁夏、甘肃、青海、新疆和西藏 12 个省（市、区）。

表 3 - 1　　　　全国和三大区域人均县级自有财力及其增长率

地区	项目	2005 年	2006 年	2007 年	2008 年	2009 年
全国	人均自有财力（元）	639	768	926	1077	1260
	增速（%）	—	20. 19	20. 57	16. 31	16. 99
东部	人均自有财力（元）	970	1151	1531	1853	2112
	增速（%）	—	18. 58	33. 01	21. 06	14. 01
中部	人均自有财力（元）	265	356	446	558	700
	增速（%）	—	34. 29	25. 17	25. 25	25. 31
西部	人均自有财力（元）	336	402	538	694	800
	增速（%）	—	19. 58	33. 88	28. 92	15. 20

越高，表明该级财政状况越为乐观，财政支出能通过一般预算收入
得以较大满足，因此对上级财政转移支付的依赖性较小，对其他形
式（如政府借债、发行地方债券等）的财政支出的追求动力也会越
小，财政风险也就越小。反之，财政自给率越低，表明该级财政入
不敷出的情况越为严重，必须严重依赖上级转移支付才能满足支出
需求。在上级转移支付有限，而自身支出压力加大的情况下，政府
不得不采取其他方式获得财政支出，如举债、制度外收入等，不仅
容易形成较高的财政风险，不利于规范政府收支行为，严重的还可
能会加重当地企业、居民的负担，扭曲资源配置。

表 3 - 2 反映了 2005—2009 年中国各省份县级财政自给率情况。
总体来说，在全国平均水平上，中国县级财政自给率普遍较低，全
国平均水平处于小幅降低的趋势，2005 年县级财政自给率为
55. 2%，2009 年县级财政自给率下降到 49. 7%。而各省县级财政
自给率的变化情况也和全国的变化情况基本保持一致，都是呈现小
幅下降的趋势。根据各省县级财政自给率的情况，我们可以把 31 个
省份分为以下几个档次：

第一档：县级财政自给率达到 70% 以上。即县级财政中有近
2/3 的部分是通过本级财政努力获得的。这一档包括江苏、浙江、
北京、天津、上海、福建、山东、广东 8 个省、市。这 8 个省、市

既是中国经济实力最强的地区，也是县域经济发展最为发达的地区，县级财政最为富裕，财政收支压力不大。其中，江苏、浙江的财政自给率基本能够达到90%左右，因此，其获得的上级转移支付也会相应较少。

表3-2　　　　　　2005—2009年各省份县级财政自给率

地区	2005 年		2006 年		2007 年	
	财政自给率	排名	财政自给率	排名	财政自给率	排名
全国平均	55.2%	—	52.3%	—	54.3%	—
北京	73.2%	5	72.6%	5	75.0%	4
天津	86.5%	3	82.8%	3	82.4%	3
河北	42.3%	14	41.7%	13	43.4%	13
山西	45.7%	11	41.2%	15	47.3%	10
内蒙古	43.8%	13	45.1%	11	44.1%	12
辽宁	61.5%	9	60.9%	9	60.3%	9
吉林	27.4%	25	26.9%	25	28.4%	25
黑龙江	25.1%	28	26.2%	26	26.3%	27
上海	73.8%	4	74.4%	4	71.7%	7
江苏	95.3%	1	96.1%	1	98.9%	1
浙江	92.4%	2	93.0%	2	94.0%	2
安徽	33.5%	23	35.1%	21	35.8%	20
福建	68.3%	7	69.8%	7	72.5%	5
江西	37.6%	17	37.7%	17	38.9%	17
山东	70.2%	6	71.3%	6	72.2%	6
河南	40.7%	16	41.4%	13	42.3%	14
湖北	34.6%	21	35.3%	20	35.8%	19
湖南	35.8%	19	34.7%	22	36.5%	18
广东	62.5%	8	68.4%	8	64.3%	8
广西	36.7%	18	36.1%	19	35.1%	22
海南	25.3%	27	24.8%	27	24.9%	28
重庆	47.9%	10	48.5%	10	46.5%	11
四川	30.1%	24	28.7%	24	33.1%	24

续表

地区	2005 年		2006 年		2007 年	
	财政自给率	排名	财政自给率	排名	财政自给率	排名
贵州	35.2%	20	33.9%	23	34.0%	23
云南	34.1%	22	36.4%	18	35.1%	21
西藏	10.1%	31	10.4%	0	10.8%	31
陕西	44.3%	12	43.6%	12	42.2%	15
甘肃	13.8%	30	12.9%	30	16.4%	30
青海	21.4%	29	24.2%	29	20.9%	29
宁夏	26.5%	26	24.7%	28	26.5%	26
新疆	40.8%	15	39.9%	16	41.7%	16

地区	2008 年		2009 年	
	财政自给率	排名	财政自给率	排名
全国平均	52.8%	—	49.7%	—
北京	79.4%	5	67.8%	6
天津	86.0%	4	83.0%	3
河北	40.4%	14	39.8%	13
山西	47.7%	11	43.9%	11
内蒙古	44.5%	12	44.8%	10
辽宁	62.6%	10	63.7%	9
吉林	27.6%	24	26.8%	24
黑龙江	26.8%	25	26.6%	25
上海	71.5%	6	71.6%	4
江苏	96.4%	1	94.5%	1
浙江	91.4%	3	86.5%	2
安徽	34.4%	18	35.4%	17
福建	70.2%	8	64.7%	8
江西	37.4%	17	36.4%	16
山东	71.1%	7	69.5%	5
河南	41.6%	13	36.5%	15
湖北	34.4%	19	29.4%	22
湖南	33.7%	21	32.7%	19
广东	65.5%	9	65.3%	7

地区	2008 年		2009 年	
	财政自给率	排名	财政自给率	排名
广西	32.3%	22	29.9%	21
海南	25.5%	27	21.8%	28
重庆	94.0%	2	42.8%	12
四川	22.2%	28	23.7%	26
贵州	29.0%	23	28.9%	23
云南	33.9%	20	30.3%	20
西藏	11.2%	31	10.8%	31
陕西	38.0%	16	36.5%	14
甘肃	12.9%	30	11.7%	30
青海	20.0%	29	20.1%	29
宁夏	25.8%	26	23.0%	27
新疆	38.9%	15	33.0%	18

第二档：县级财政自给率在 40%—70%。这一档的财政自给率基本和全国平均水平持平，包括辽宁、河北、山西、陕西、内蒙古、河南、重庆、新疆 8 个省份。其中，辽宁、河北、河南、山西、陕西等省份人口众多，财政支出压力相对较大，因此即使财政收入相对较多，财政自给率也不高；而内蒙古、新疆、重庆经济相对滞后，但人口相对较少，适当稀释了财政支出的压力，因此即使财政收入相对较少，财政自给率与全国平均水平相差不远。

第三档：县级财政自给率在 30%—40%。这一档包括安徽、江西、湖北、湖南、广西、四川、贵州、云南 8 个省份。这些地区都集中在中西部，不仅面临着经济欠发达的客观情况，还背负着人口和环境发展的巨大压力，因此县级财政相对匮乏。

第四档：县级财政自给率在 30% 以下。这一档包括吉林、黑龙江、海南、甘肃、青海、宁夏、西藏 7 个省份。其中，吉林和黑龙江是我国东北老工业基地，海南则是由于所处的特殊地理位置，肩负较多的职责，财政支出压力大，而其余 4 个省份则是我国最为边远、经济最落后的地区，这些地区的经济环境欠缺，县域经济发展滞后，县级财政严重依赖上级转移支付。其中，西藏有近90％的县级支出需要上级转移支付支持。

二　县级可支配财力规模

县级自有财力与其经济发展程度密切相关。当前，除少数沿海发达地区以外，中国县域经济普遍发展滞后，财源欠缺直接影响了县级自有财政收入状况。为了缓解收支矛盾，保证县级财政运转和公共服务供给，上级政府（包括中央、省、市）通过对县级政府转移支付弥补县级财政缺口，从而形成了转移支付后的县级可支配财力（各年具体转移支付包含的项目参见附录）。

从绝对数上看，2005—2009 年县级可支配财力不断增加，从2005 年的 135397600 万元，增加到 2009 年的 344479643 万元，年均增速为 26.29％。其中，县级自有财力占可支配财力的比重在一半左右，最高年份是 2007 年的 54.43％，其后这一比重呈现出不断下降的趋势，2009 年下降到 48.86％。与此相对应，净转移支付的数额在不断增加，从 2005 年的 63234575 万元增加到 2009 年的172695367 万元，年均增长率达到 28.54％；而所占县级可支配财力的比重也从不到一半的水平上升到 2009 年的 51.14％ （见表3－3）。

表 3－3　　　　2005—2009 年可支配财力构成情况

年度	可支配财力（万元）	自有财力		净转移支付	
		绝对数（万元）	比重（％）	绝对数（万元）	比重（％）
2005	135397600	72163025	53.30	63234575	46.70
2006	160876319	84872697	52.76	76003622	47.24
2007	215490285	117295075	54.43	98195210	45.57
2008	280278501	145454069	51.89	134824432	48.11
2009	344479643	171784276	48.86	172695367	51.14

从转移支付各项目的构成来看，收入部分中，专项转移支付收入增长速度最快，年均增长率为 49.46％，并在 2009 年超过一般性

转移支付成为转移支付总数额最大的项目。一般性转移支付年均增长率为20.38%，增速在2008年之后有所回落。由此可见，一般性转移支付的增速低于专项转移支付，而规模也在2009年后低于专项转移支付。税收返还增长速度也在不断增加，2009年增长速度达到15.94%。这种趋势与提出的"规范转移支付秩序，扩大一般性转移支付，逐步减少专项、专户在转移支付中的比重"①的设想相悖。这主要原因可能在于为应对2007年的经济危机，中央出台了4万亿元的拉动经济增长的投资计划，这些计划主要是以地方申请项目、中央审批并以专项转移支付资金支持的方式进行的。项目陆续在2008年和2009年上马，于是专项转移支付出现高于一般性转移支付的非常规情况。支出部分中，上解性支出增长率波动较大，其中，2007年一般性转移上解增长率达到41.67%，2008年，增长率则降低至15.34%；而县级专项上解支出略高于一般性转移上解支出。综合转移支付收入和支出，县级净转移支付呈现出较为稳定的增长态势，年均增长率为28.54%（见表3-4）。

表3-4　　　　　　　　2005—2009年净转移支付增长率

年度	净转移支付		收入					
			小计		税收返还		一般性转移支付收入	
	绝对数（万元）	增长率（%）	绝对数（万元）	增长率（%）	绝对数（万元）	增长率（%）	绝对数（万元）	增长率（%）
2005	63234575	—	76425949		15808105	—	41737182	
2006	76003622	20.19	91084799	19.18	15951421	9.07	51315963	22.95
2007	98195210	29.19	118659230	30.27	16363667	2.58	64055102	24.82
2008	134824432	37.30	161403165	36.02	17887232	9.31	75849527	18.41
2009	172695367	28.09	202704955	25.59	20739327	15.94	87723565	15.65

---

① 王朝才、冷永生、王彦荣：《县市政府财力自主性与转移支付制度》，《经济与管理研究》2008年第12期。

续表

年度	收入		支出					
	专项转移支付收入		小计		一般性转移上解		专项上解	
	绝对数（万元）	增长率（%）	绝对数（万元）	增长率（%）	绝对数（万元）	增长率（%）	绝对数（万元）	增长率（%）
2005	18880662	—	13191374	—	4971470	—	8219904	—
2006	23817415	26.15	15081177	14.32	6366293	28.06	8714884	6.02
2007	38240461	60.56	20464020	36.69	9019152	41.67	11444868	31.33
2008	67666406	76.95	26578733	29.88	10403123	15.34	16175610	41.34
2009	94242063	39.27	30009588	12.91	13449080	29.28	16560508	2.38

　　根据前文的分析思路，把县级可支配财力和净转移支付汇总可计算出全国和东中西部三大区域县级人均可支配财力和人均净转移支付。如表3-5所示，对比三大区域县级人均可支配财力的增速发现，中西部地区的增速明显高于全国平均水平和东部地区增速。在县级人均净转移支付上，西部地区获得的县级人均净转移支付最多，其次是中部地区，而东部地区获得的县级人均净转移支付最少，2009年三大区域县级人均净转移支付之比为0.45∶0.73∶1。在县级人均可支配财力上，东部地区的人均县级可支配财力高于全国平均水平，而中西部地区的县级人均可支配财力低于全国平均。三大区域中，东部地区县级人均可支配财力最高，其次是西部地区，而中部地区最低，2009年三大区域人均县级可支配财力之比为1.11∶0.77∶1。东部与西部的县级人均可支配财力之比大大低于自有财力之比，说明了转移支付对东西部之间县级人均财力起到了一定的均衡作用。但是中西部之间的人均可支配财力之比却比人均自有财力之比要小，说明了转移支付在中部地区分配的逆均等化作用，一方面，在初次财力分配中，中部地区人均自有财力不高，在三大区域中属于最弱的；另一方面，在财力再分配过程中，上级转移支付却忽视了中部地区的财力弱势地位，其获得的人均净转移支

付却是三大区域中最少的，从而进一步拉大了中部和其他地区的财力差距。

表 3 - 5　　　　全国和三大区域县级人均可支配财力和
人均净转移支付及其增长率

地区	项目	2005 年	2006 年	2007 年	2008 年	2009 年
全国	人均可支配财力（元）	1396	1730	2003	2440	3026
	增速（%）	—	23.93	15.78	21.82	24.02
	人均净转移支付（元）	757	962	1077	1363	1766
	增速（%）	—	27.08	11.95	26.56	29.57
东部	人均可支配财力（元）	1439	1713	2102	2553	2950
	增速（%）	—	19.03	22.72	21.43	15.56
	人均净转移支付（元）	469	562	572	700	837
	增速（%）	—	19.96	1.66	22.41	19.67
中部	人均可支配财力（元）	699.70	973.78	1199.33	1550.50	2054.86
	增速（%）	—	39.17	23.16	29.28	32.53
	人均净转移支付（元）	434	618	753	992	1355
	增速（%）	—	42.15	22.00	31.67	36.59
西部	人均可支配财力（元）	920	1163	1531	2203	2652
	增速（%）	—	26.43	31.71	43.91	20.33
	人均净转移支付（元）	583	760	993	1509	1852
	增速（%）	—	30.37	30.56	52.04	22.69

图 3 - 4 反映了全国和东中西部三大区域县级人均净转移支付占人均县级可支配财力的比重，全国平均水平约为 55%，东部地区这一比重低于全国平均水平，也大大低于中西部地区，而西部地区所占比重最高。中西部地区这一比重高于全国平均水平，并且还呈现出不断提高的趋势，说明中西部地区的县级财力严重依赖上级转移支付，且依赖程度还在不断加深。

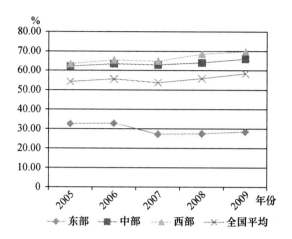

图 3 - 4 全国和东中西部人均县级净转移支付占人均县级可支配财力的比重

第三节 县级财力的结构分析

一 县级财力的项目结构

（一）县级自有财力的项目结构

县级自有财力主要由税收收入和非税收入构成。税收是县级自有财力最重要来源。由于《全国地市县财政统计资料》对县级税收收入和非税收入分项目构成的统计只到 2007 年，且税收收入和非税收入并非本书的研究对象，因此仅以 2005—2007 年为例说明。在县级自有财力构成中，税收收入占据重要地位，并且随着税费改革和预算管理改革，税收收入的比重得到进一步提高，从 2005 年的 73.77% 上升至 2007 年的 85.50%（见表 3 - 6）。其中，营业税、增值税和企业所得税是县级财政的三大主体税种，这三种税加总以后的收入占到了税收收入的 55% 左右。而契税对县级税收收入的贡献也较为突出，占到了县级税收收入的 5% 左右。个人所得税对县级财政的贡献并没有想象中那么高，仅占到了税收收入的 4% 左右。目前县级主体税种仍然是流转税，其总额占到了税收收入的一半以上，所得税总额占比为15%左右，而理论上应该属于地方政府主体税种的财产税在中国县级财政中所占比重非常低，统计资料上甚至还未单独列出，只是把其归属于其他税种进行统计。

表 3 - 6   2005—2007 年县级税收入结构

年度	增值税	营业税	企业所得税	个人所得税	契税	其他税收	非税收入
2005	18.18%	28.32%	9.86%	4.62%	5.16%	7.63%	26.23%
2006	17.95%	27.27%	10.16%	4.21%	4.99%	7.34%	28.08%
2007	17.36%	26.94%	11.17%	4.37%	5.21%	20.45%	14.50%

（二）县级转移支付收入的项目结构

如图 3 - 5 所示，县级转移支付收入呈现出明显的变化趋势：第一，税收返还比重不断降低，从 2005 年的 20.7% 降低至 2009 年的 10.2%，4 年间下降了 10.5 个百分点；第二，一般性转移支付收入比重在 2006 年之后逐渐降低，从 2006 年的 56.3% 降低至 2009 年的 43.3%，3 年间下降了 13 个百分点；第三，专项转移支付收入比重逐渐提高，从 2005 年的 24.7% 上升至 2009 年的 47.5%，大幅提高了 22.8 个百分点，并在 2009 年超过一般性转移支付收入，成为县级转移支付收入来源中比重最大的类型，其原因如之前所述的和 4 万亿元投资计划有密切关系。

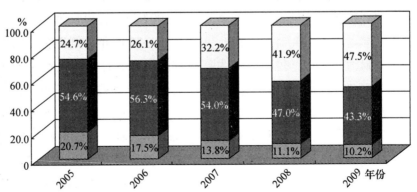

图 3 -5　县级转移支付收入结构

在一般性转移支付的各项目中，本书选择了近年来变化不大的转移支付项目进行分析。由于2008年、2009年的《全国地市县财政统计资料》并未详细列出因素法转移支付的具体数据，因此表3-7只报告了2005—2007年的相关数据。如表3-7所示，调整工资转移支付和均衡性转移支付所占比重最大，占一般性转移支付的比重均在1/4左右，且都有持续小幅上升的趋势。农村税费改革占一般性转移支付的比重2007年有了一定幅度的提高，占比达到10%以上。民族地区转移支付占一般性转移支付的比重较低。

表3-7   2005—2007年一般性转移支付中因素法转移支付所占比重

年度	均衡性转移支付	民族地区转移支付	调整工资转移支付	农村税费改革转移支付	其他一般性转移支付
2005	21.50%	0.88%	18.89%	8.32%	49.59%
2006	18.65%	2.41%	20.80%	6.65%	48.51%
2007	24.34%	1.35%	25.46%	12.65%	36.20%

注：2005年的调整工资转移支付包含了中小学教师工资转移支付。

二 县级财力的地区分布结构①

(一) 县级自有财力的地区分布结构

由图3-6可以看出，中国县级自有财力的结构和前面所述的一般性规律保持一致：东部地区经济发达，其自有财力充沛，占到了全国县级自有财力的2/3左右的比重，2007年之后东部地区的县级

———————————

① 在中国的县域经济和产业结构的地区分布上，绝大部分经济发达县集中在东部地区，产业结构以第二、第三产业的非农业为主，而所有的国家级贫困县和绝大部分农业县都集中在中西部（且主要是西部地区）；东部地区没有民族县，中部地区集中了吉林延边、湖北恩施、湖南湘西等民族地区，而西部地区则有5个民族自治区、3个在转移支付上视为民族省的省份以及重庆酉阳等非民族省区的自治县。因此，本书在对县级财力的地区分布结构进行分析时，以东中西部三大区域作为代表，其中对农业县和非农业县、贫困县和非贫困县以及民族县和非民族县的财力分布也可见一斑。关于农业县和非农业县、贫困县和非贫困县以及民族县和非民族县的分类标准，请参考第四章。同时，为行文方便，接下来的地区和分类组均以"地区"代替。

财力占比略有下降。中部地区和西部地区县级财力占全国的比重基本相当。2005 年，东中西部县级自有财力的比值为 4.02：0.95：1，2009 年，三者之间的比值略微缩小至 3.63：0.96：1。

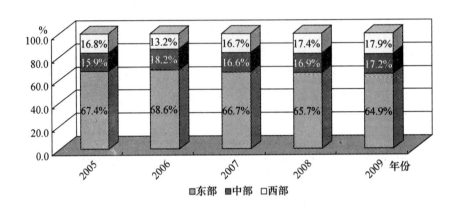

图 3－6　县级自有财力的地区分布结构

（二）县级转移支付的地区分布结构

图 3－7 反映了税收返还在东中西部的比重分布情况。由于税收返还具有明显的激励性质，因此东部发达地区县级财政获得的税收返还最多，占到了全国县级税收返还的 2/3 左右，2009 年，东部县

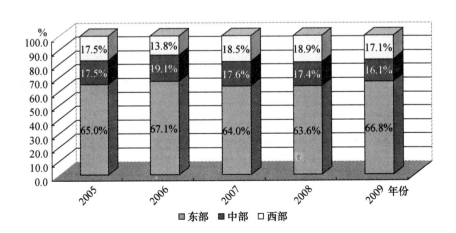

图 3－7　县级税收返还的地区分布结构

级税收返还占比高达 66.8%。而中西部县级获得的税收返还基本相当，以 2006 年为分界点，2005—2006 年，中部地区税收返还占比高于或等于西部地区，而 2007—2009 年，西部县级财政获得税收返还占比超过中部地区，基本略高于中部 1 个百分点左右。

图 3-8 反映了一般性转移支付在三大区域的分布情况。理论上说，一般性转移支付旨在均衡地方财力，缩小地区财力差距，因此，应该向落后地区倾斜。但是，实际上，中国县级一般性转移支付在东中西部之间的分布并没有拉大差距，基本上东中西部县级财政各分配了一般性转移支付 1/3 份额。甚至在 2006 年，一般性转移支付有 40.0% 投入东部地区，仅有 25.4% 投向西部。2007 年之后，一般性转移支付在三大区域的分配开始有了明显调整，西部地区略多一点，东部地区略少一点。以 2009 年为例，东部地区县级一般性转移支付占全国县级一般性转移支付比重为 29.0%，中部地区为 34.0%，而西部地区为 37.0%，西部地区所分配的一般性转移支付收入仅比东部地区高 8 个百分点，比中部地区高 3 个百分点。从三大区域一般性转移支付结构的变化趋势来看，中西部一般性转移支付的比重有小幅提高，而东部一般性转移支付比重小幅下降。

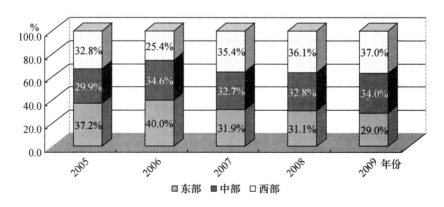

图 3-8　县级一般性转移支付收入的地区分布结构

图 3-9 呈现了专项转移支付在三大区域的分布情况。总体来说，2005—2007 年，东部地区获得的专项转移支付最高，2008—

2009 年西部地区所占专项转移支付收入的比重超过东部地区，成为获得专项补助最多的地区。产生这一现象的原因在于，中国 2007 年年底启动的 4 万亿元投资计划中，相当大比重的政府投资项目是西部地区，如高铁、机场、高速公路等基础设施。中部地区专项转移支付是三大区域中最少的，且该比重呈现出先上升后下降的趋势，2005 年，中部地区该比重为 26.7%，2008 年下降至 27.1%，其后开始缓慢回升。东部地区县级专项转移支付比重呈小幅下降的趋势。2005 年，东部地区县级专项转移支付占全国县级专项转移支付的比重为 38.1%，2009 年，该比重下降到 29.2%。

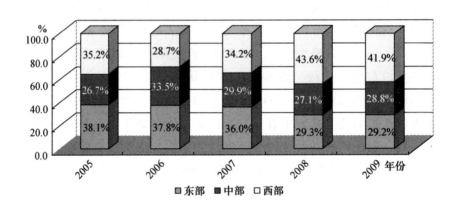

图 3-9　县级专项转移支付收入的地区分布结构

综合以上三大类型的转移支付收入，我们可以汇总得出三大区域县级转移支付收入分配的总体情况（如图 3-10 所示）。东部地区县级转移支付收入占全国县级转移支付收入的比重从 2005 年的 43.2% 开始小幅下降至 2009 年的 33.1%；中部地区由于分配的税收返还、一般性转移支付收入和专项转移支付收入都呈现先上升后下降的趋势，因此其总的转移支付收入也出现先升后降的趋势，2005 年，其所占全国县级转移支付收入的比重为 26.6%，2006 年上升为 31.6%，2009 年该比重下降至 29.9%。西部地区县级分配到的转移支付资金呈现出先降后升的趋势，2006 年，西部地区获得的转移支付收入仅为24.2%，是历年来的最低点，2008 年之后，西部地区成为三大区域中获得转移支付收入最多的地区，2009 年占比为36.9%，比东部地区高3.8 个百分点，比中部地区高7 个百分点。但是，东中西部之间转移支付资金的差距其实并不大，2009 年三大区域转移支付资金之比仅为 0.90：0.81：1。这在一定程度上说明了中国目前转移支付资金的分配偏好并不明显，转移支付的均衡特性尚未完全体现出来，东中西部都能够利用不同转移支付类型的分配方法来获得更多的转移支付资金。

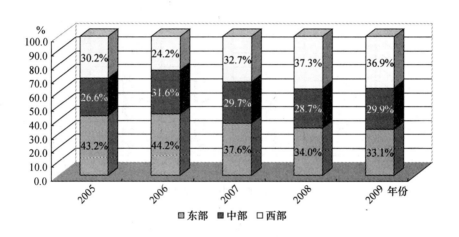

图 3 - 10　县级转移支付收入的地区分布结构

同时，从转移支付收入总量在三大区域的分布情况，我们也可以清楚地看到中部地区在转移支付资金分配中所处的尴尬地位：一方面，东部地区可以凭借较高的税收收入取得三大区域中最多的返还性支出；另一方面，西部地区则获得了上级相对较多的一般性转移支付和专项转移支付。而中部地区在经济上无法和东部相比，自然不能获得相应的税收返还，其在政策支持上也不能和西部地区相比，对于一般性转移支付和专项转移支付也无可奈何。

除了用前文所述的三大类型转移支付给予县级政府财政收入以外，县级财政还需以上解的方式转移自己的部分收入给上级财政统筹安排使用。一般来说，上解资金主要来源于经济发达地区。从图3-11我们可以明显看出，东部地区成为县级上解支出的主力军，近年来有超过70%的上解支出来自东部，2009年东部上解性支出占比达到75.6%。西部地区上解支出的比重次之，2005年，西部县级上解比重为16.1%，2008年提升至19.4%，2009年小幅回落至13.7%。中部地区上解支出的比重是三大区域中最低的，基本保持在11%左右。

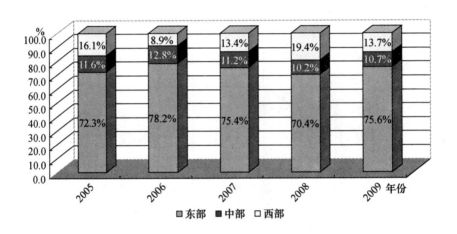

图3-11 县级上解支出的地区分布结构

综合以上三大转移支付收入和上解支出，我们绘制出了县级净转移支付在三大区域的分布结构（如图3-12所示），可以说，这一结构也和前文所述的一般性规律基本保持一致。可以看出，在2005—2006年，东部获得的净转移支付最多，特别是2006年，东部净转移支付比西部高10.1个百分点，比中部高2.1个百分点。2007年后，西部县级获得的净转移支付的金额最大，占全国县级净转移支付收入的比重最高，且这一比重在2007年之后有逐渐上升的趋势，2005年该比重为33.2%，到2009年，该比重上升至43.7%。中部县级获得的净转移支付占全国县级净转移支付收入的比重在2006年以后较为稳定，一直在1/3的比重左右徘徊。东部县级获得的净转移支付收入金额最小，所占全国比重也最低，且有逐渐下降的趋势。2006 年，该比重最高达到 37.4%，到 2009 年，该比重下降至 25.6%，3 年间下降了 11.8 个百分点。

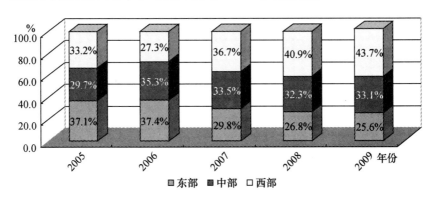

图 3 - 12　县级净转移支付收入的地区分布结构

（三）县级可支配财力的地区分布结构

进一步地，综合前面的县级自有收入和净转移支付收入，我们绘制出了三大区域县级可支配财力分布的比重结构图。从图 3 - 13 中我们可以看出，由于东部地区县级自有财力占到了全国县级自有财力的 2/3 左右，即使其净转移支付收入在三大区域中的比重在 2007 年后是三大区域中最低的，但是加总起来的可支配收入占全国县级可支配收入的比重接近全国的 1/2，仍然是三大区域中最高的。但是，东部地区的这一比重呈现出下降趋势，2006 年该比重的最高值达到 53.9%，2009 年，该比重下降至 45.2%，3 年间最高值与最低值相比下降了 8.7 个百分点。

西部地区县级自有财力仅占到全国县级自有财力的 1/6，且 2005—2006 年净转移支付较东部地区少，因此其在 2005—2006 年可支配收入占全国的比重较低，2006 年仅为全国的 19.8%。2007 年之后，西部地区获得的净转移支付收入在三大区域中是最多的，因此，其可支配收入占全国的比重仅次于东部地区，并且这一比重开始呈现增长的趋势。2007 年，西部地区县级可支配财力所占比重为 25.8%，2009 年上升至 29.6%，提高了 3.8 个百分点。

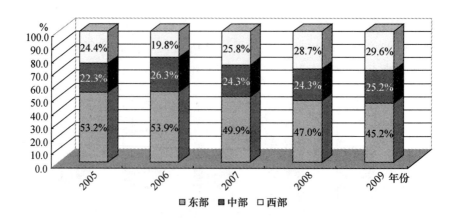

图3-13 县级可支配财力的地区分布结构

中部地区县级可支配财力所占全国县级可支配财力的比重基本保持稳定,除了2006年高于西部地区以外,其余年份中部地区县级可支配财力占全国的比重是三大区域中最少的,2007年之后,该比重较为稳定,一直在25%左右徘徊。三大区域县级可支配收入的占比情况进一步反映了中部地区在财力再分配中的尴尬地位,也进一步验证了前文所述的三大区域人均县级自有财力、人均县级可支配财力以及人均净转移支付之间的关系。

第四节　转移支付与县级财力差距假说

一 转移支付是县级财力差距的主导因素

县级财力主要由自有财力和净转移支付两部分组成。一般来说,自有财力受到各地自然、地理、资源、人口、经济发展程度等客观社会经济因素的影响,也受到制度因素、各地政府的征税水平等主观因素的影响。自有财力又进一步影响各地获得的净转移支付,进而直接作用于县级可支配财力。在各地征税水平和公共服务成本既定的前提下,自有财力越多的地区,当地财政越富裕,越能通过自身筹集到的财政收入满足支出需求,财政自给率越高,出现财力缺口的可能性越小，因此，获得上级的转移支付总量越少；自有财力越贫乏的地区，当地财政较困难，财政自给率越低，出现财力缺口的可能性越大，获得上级的转移支付总量越多。根据中国目前县级财力的构成情况，一半以上可支配财力由净转移支付构成，特别是在财政自给率低下的地区，转移支付构成了县级可支配财力相当重要的部分。由此，本书提出假说1：

转移支付是影响县级可支配财力的主导因素，一般而言，在自有财力差别不大情况下，人均净转移支付越多，人均可支配财力也就越高。

二　转移支付一定程度上缩小了县级财力差距

转移支付是平衡地区财力差距的有效工具，通过加大对贫困地区的转移支付力度以及对多种转移支付类型的综合运用，来缩小地区财力差距。从转移支付的规模上看，若转移支付主要倾向于发达地区，则转移支付扩大了县级财力差距；若转移支付主要投向于落后地区，则转移支付在一定程度上缩小了县级财力差距。目前，中国的贫困地区主要集中在中西部，尤其是西部地区，对比东中西部地区自有财力和可支配财力的变化情况，本书提出假说2：

与自有财力相比，如果各地的可支配财力分布较为平均，那么，转移支付发挥了一定的均衡作用，即一定程度上缩小了县级财力差距。

三　转移支付的项目结构不利于缩小县级财力差距

根据第一章的分析，转移支付的项目结构中，无条件转移支付是最具有均等化效果的转移支付类型，因此，要想缩小县级财力差距，那么上级政府必须提高无条件转移支付在全部转移支付中的比重。但是，如果无条件转移支付没有考虑到人均财力均等化水平的话，那么即使地方政府拥有自由安排的权利，均等化效应也会很小。有条件转移支付的使用范围由上级政府确定，如果有条件转移支付是倾向于提高贫困落后地区的教育、医疗、卫生、社会保障等基本公共服务供给水平的话，那么有条件转移支付仍然具有均等化效果。根据中国目前的现实情况，一般性转移支付中既有不规定具体用途,而只是平衡各地财力的均衡性转移支付、民族地区转移支付、缓解县乡财政困难转移支付等,也有规定了具体用途但仍然划归为一般性转移支付中的调整工资转移支付等。2005—2009年,县级一般性转移支付的比重在逐年降低,2009年比2005年降低了11.3个百分点,而在一般性转移支付中,调整工资转移支付所占比重却在不断上升,2009年该比重与均衡性转移支付占比不相上下。与此同时,专项转移支付占转移支付收入的比重却在逐年提高,2009年比2005年提高了22.8个百分点。同时,中国还存在着以来源地原则分配的税收返还和少量县级政府的上解性支出。结合中国各类转移支付所占比重的变化趋势,本书提出假说3:

税收返还是县级财力差距的促增因素,但是拉大县级财力差距的作用逐步缩小;上解性支出由于主要由富裕县上解,故是县级财力差距的促减因素,但是作用受其规模的限制;一般性转移支付和专项转移支付由于包含项目众多,其对县级财力差距的影响可正可负。

四 转移支付的分配方式不利于缩小县级财力差距

转移支付的分配方式主要有基数法、因素法和项目法等。其中,因素法由于通过设立指标和核算公式,能够较为科学地测算各地的标准财政收支,从而确定公平的转移支付数额。基数法由于以某一年度作为基期,围绕基期确定分配公式,因此,更利于基期内收入较高的地区,也就是更维护基期收入较高地区的既得利益。而项目法是通过"一个项目,一种拨付办法"的方式分配,往往需要下级政府提供项目建设的配套资金。目前,中国县级转移支付中,三类分配方式并存,一般性转移支付主要采用因素法分配,但各项一般性转移支付考虑的因素不尽相同,专项转移支付采用因素法和项目法结合的分配方式,税收返还采用的是基数法分配。由此,提出假说4:

主要采用因素法分配的一般性转移支付对县级财力差距的影响主要取决于其纳入的客观因素,如果以各地总人口基础,考虑到各地客观情况的话,则一般性转移支付有利于平衡县级财力;如果没有充分考虑总人口和其他客观因素的话，则一般性转移支付不利于平衡县级财力差距。采用项目法和因素法相结合的专项转移支付和采用基数法分配的税收返还不利于平衡县级财力差距；上解性支出虽然采用基数法分配，但是由于其主要由富裕县上解给上级政府，则有利于平衡县级财力差距。

五　转移支付的地区分布结构使其对各地区县级财力影响呈现不同特征

转移支付在各地区县级分布结构中，根据来源地原则分配的税收返还主要分布于东部经济发达地区；一般性转移支付虽然在东中西三大地区分布较为平均，但是西部和中部略高于东部地区；专项转移支付主要倾斜于西部和东部，中部地区获得较少专项支持；上解性支出绝大部分来源于东部地区。同时，由于转移支付是中西部欠发达地区县级财力的最重要的来源，其占可支配收入的比重大大超过了自有财力，据此，本书提出假说5：

税收返还对经济发达县的财力差距的贡献率大于对贫困县的财力差距贡献率；上解性支出更能在经济发达县起到缩小财力差距的作用；一般性转移支付和专项转移支付对西部地区或贫困地区的县级财力差距的影响大于其他地区。

六　转移支付制度的差异使得地区内部县级财力差距贡献率提高

通过转移支付的财力再分配，各地区可支配财力发生了较大变动，东部地区仍旧占据了全国45％左右的县级财力，西部地区获得全国约30％的县级财力，而中部地区拥有全国25％左右的县级财力。如果假说2成立，也就是在县级财力得到一定平衡的情况下，地区之间和地区内部的财力差距应该会缩小。目前县级转移支付资金的提供主体有中央、省和市三级，中央一般会出于区域均衡或省际均衡的角度分配转移支付资金，而转移支付资金经由省级和市级进行省内分配。然而，由于各省财政体制存在较大差异，转移支付制度的目标和分配方式也不尽相同，因此地区内部或者各省内部的财力差距的缩小步伐也有快有慢，程度有深有浅，故地区内部或各省内部的财力差距虽然会有所缩小，但是其对财力总差距的贡献程度可能会提高。据此，本书提出假说6：

通过转移支付调节后，地区之间和地区内部的财力差距得到一定程度的缩小，但由于各省财政体制和转移支付制度的巨大差异，地区内部财力差距对总财力差距的贡献率可能会有所提高。

七 转移支付加快了县级财力收敛速度

简单来说，财力收敛意味着在其他条件不变的情况下，初始财力高的地区在以后的发展过程中将会伴以较低的财力增长率，而初始财力低的地区伴随着较高的财力增长率，从而导致财力的增长在整个期间内出现收敛的趋势，地区财力差距得以缩小。根据表3-1和表3-5县级人均自有财力在三大地区间的增长情况来看，中西部地区的自有财力和可支配财力较东部地区低，除2007年中部地区自有财力增长率低于东部地区以外，其余年份中西部地区自有财力增长率和可支配财力的增长率均大幅高于东部地区，因此，可能会出现县级人均自有财力和可支配财力收敛的趋势。而通过对比收敛速度和半生命周期，可以推测出转移支付在促进县级财力收敛、缩小县级财力差距之间的作用。由此，本书提出假设7：

县级人均自有财力和人均可支配财力均呈现出收敛态势。在假设2成立的情况下，转移支付对人均可支配财力的作用可以通过对比自有财力和可支配财力的收敛速度来确定，如果可支配财力的收敛速度高于自有财力的收敛速度，则转移支付促进了县级财力收敛，有助于缩小县级财力差距。

本章小结

本章首先回顾了中国县级转移支付的主要项目构成和变迁情况，归纳了制度特色各异的县级转移支付的"共性"和"个性"，从规模和结构两方面分析了县级财力的现状，据此提出了本书需要验证的假说。主要结论如下：

（1）目前，中国县级转移支付以中央对省级的转移支付为基础，结合各地实际特色搭建起来的，在转移支付方案和制度设计上不仅参考了中央对省的转移支付的做法，更带有本地特征。

（2）县级财力规模的分析结果表明，县级自有财力占地方一般预算收入的比重在省、市、县、乡四级政府中是最高的，占到了1/3的比重；县级自有财力增速较快，2005—2009 年的年均增速达24.34％；但是县级财政自给率并不高，全国平均水平仅为50％左右；县级财政自给率最高的是江苏省，自给率达到90％以上，而自给率最低的是西藏，自给率仅为11％左右。人均县级自有财力最高的是东部地区，其次是西部地区，中部地区最低。县级可支配财力增速高于自有财力增速，2005—2009 年的年均增速达26.29％；县级净转移支付维持较为稳定的增长，年均增长率为28.54％。在转移支付各项目中，专项转移支付的增长速度最快，年均增速达49.46％，一般性转移支付增速次之但呈现逐渐下降趋势，税收返还增长率小幅上升。在上解性支出中，专项上解略高于体制上解。人均县级净转移支付最高的是西部地区，其次是中部地区，东部地区最低；而人均县级可支配收入最高的是东部地区，其次是西部地区，中部地区最低，反映了中部地区在财力再分配中处于尴尬地位。

（3）县级财力结构的分析结果表明，营业税、增值税和企业所得税是构成县级自有财力的三大税种，占到了县级自有财力的55％—57％的比重。在县级转移支付收入构成中，2005—2008 年一般性转移支付收入所占比重最大，有一半左右的转移支付通过一般性转移支付形式分配，但是2009 年专项转移支付一跃成为转移支付收入中占比最大的类型，占比达到47.5％，而一般性转移支付的比重下降至43.3％，税收返还仅占10％的比重。

（4）东中西部县级财力结构的分析结果表明，东部地区的自有财力、税收返还占比明显高于中西部地区；一般性转移支付收入的分配在三大区域的县级中分配差距并不大，对落后地区的倾斜照顾并不明显；西部地区县级获得的专项转移支付收入在2008 年后明显高于东中部。而对转移支付收入进行加总之后，西部地区获得的转移支付收入略比东部地区约高 4 个百分点，比中部地区约高 7 个百分点。东部地区的上解支出要高于中西部地区，约有 3/4 的上解支出由东部地区支付。综合以上的转移支付项目，西部地区虽然自有财力仅占全国 1/6，但在 2007 年之后县级财政获得的净转移支付比重最高，并且呈小幅增加的趋势，因此其可支配财力大约得到了一定程度的提高，2009 年约占全国；29.6% 东部地区自有财力占全国的 2/3，但经过转移支付平衡后其可支配财力仍旧占到全国接近 1/2，而中部地区县级可支配财力占全国的比重基本保持在 25% 左右，并且在 2007 年之后是三大区域可支配财力占比最低的地区，进一步反映了中部地区在财力再分配中处于尴尬地位。

（5）在现状分析的基础上，提出本节将要检验的转移支付与县级财力差距的假说。

第四章　转移支付前后县级 财力差距的度量及 要素、地区分解

多年来，收入不平等一直是经济学界研究的热点问题，因为其不仅涉及公平问题，更可归结为伦理范畴。通过对 GDP、收入、产出以及资源（如物质资本或劳动技能等拥有程度）差异的分析，逐渐形成了一系列的收入不平等分析方法，这些分析方法不仅用于收入分配领域的研究中，还广泛应用于经济发展差距、行业差距等方面的研究。由于财力问题根本上属于各级政府间以及同级政府间的财政分配范畴，因此，本章将借鉴收入不平等要素分解和地区分解的方法对 2005—2009 年转移支付前后县级财力差距进行度量及项目与地区分解，由此验证第三章提出的转移支付平衡县级财力的假说2 至假说6。

第一节　转移支付前后县级财力差距的度量

一　分析指标及数据来源

（一）分析指标

现有对财力差距进行度量的指标主要有绝对指标和相对指标两大类。绝对指标通常是有量纲的，因此它们的大小与量度单位有密切关系。常见的绝对指标有方差和收入差（最高值减去最低值）。一般来说，用这类指标进行差距衡量会扩大实际差距，因此，绝对指标在研究中很少被采用。相对指标主要包括变异系数、基尼系

数、泰尔指数、库兹涅茨指数、阿鲁瓦利亚指数、收入不良指数、森指数、卡瓦尼指数、阿克金森指数等，通过"齐次性"（homogeneity）[①] 标准判断这些指标是否优良。为了便于与前人的研究进行对比分析，本书选取目前研究中用得最多的变异系数、基尼系数和泰尔指数作为度量县级财力差距的指标。

1. 变异系数

变异系数又称为"标准差率"，它是标准差与平均数的比值，是反映数据离散程度的绝对值。变异系数的表达式如下：

$$CV = \frac{1}{\mu}\sqrt{\frac{1}{n}\sum_{i=1}^{n}(y_i - \mu)^2} \tag{4.1}$$

式（4.1）中：

μ 代表平均数，n 是样本总量，y_i 是排在第 i 位的个体收入。一般来说，变异系数越小，变异（偏离）程度越小，收入差距越小，风险也就越小；反之，变异系数越大，变异（偏离）程度越大，收入差距越大，风险也就越大。

2. 洛伦兹曲线与基尼（Gini）系数

洛伦兹曲线是衡量收入不平等的一个有效工具。如图 4 - 1 所示，横轴表示人口累计比重，纵轴表示一定比例的人口所拥有的收入占总收入的比重，对角线表示绝对收入平均。洛伦兹曲线一般在横轴和对角线的区域中间，越靠近 45 度线，则收入分配越公平，越靠近横轴，则收入分配差距越大。

基尼系数是根据洛伦兹曲线推导出来的衡量收入不平等的一个常用指标，最简单的计算方法，是用洛伦兹曲线和 45 度线围成的面积除以 45 度线以下的三角形的面积。基尼系数一般处于（0，1）区间之内，基尼系数越大，越倾向于 1，则收入或财富越集中于少部分人，收入分配越不平等；反之，基尼系数越小，越接近于 0，则

---

① 齐次性性质要求当变换量衡单位时，指标值结果不受影响。除此之外，一个好的相对指标还应具备匿名性（anonymity）、总体独立性（population independence）、转移性（transfer principle）和强洛伦兹（strongly Lorenz - consistent）一致性的性质。具体参见万广华《经济发展与收入不平等：方法和证据》，上海三联书店 2006 年第 1 版。

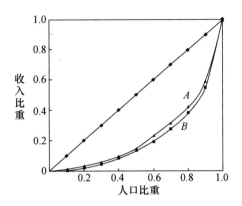

图 4 – 1 洛伦兹曲线

收入分配越平等。目前，基尼系数的计算方法有数十种之多，在实际中，如果把人均收入从低到高排序并等分成若干组（如果不分组，则每户或每人为一组），则基尼系数还可以用以下近似方式进行计算：

$$Gini = 1 - \sum_{i=1}^{n} P_i(2Q_i - W_i) \tag{4.2}$$

式（4.2）中：

W_i 为每组收入占总收入的比重，P_i 为人口比重，Q_i 为累计收入比重，即 $Q_i = \sum_{k=1}^{i} W_k$。

在不分组的情况下，基尼系数可以按照如下方式计算：

$$Gini = \sum_{i=1}^{n} P_i W_i + 2\sum_{i=1}^{n-1} P_i(1 - Q_i) - 1 \tag{4.3}$$

或者，$$Gini = \sum_{i=1}^{n-1} (M_i Q_{i+1} - M_{i+1} Q_i) \tag{4.4}$$

式（4.4）中：

$M_i = \sum_{k=1}^{i} P_k$ 为累计人口比。

3. 泰尔指数（Theil index）

泰尔指数也称为广义熵指数（Generalized entropy），简称 GE 指数。

$$I(y) = \begin{cases} \sum_{i=1}^{n} f(y_i)\left[(y_i/\mu)^a - 1\right], & a \neq 0,1 \\ \sum_{i=1}^{n} f(y_i)\left[(y_i/\mu)\log(y_i/\mu)\right], & a = 1 \\ \sum_{i=1}^{n} f(y_i)\left[\log(\mu/y_i)\right], & a = 0 \end{cases} \quad (4.5)$$

式（4.5）中：

$f(y_i)$ 为人口比例，a 为常数，表示厌恶不平等的程度，a 越小，其代表的厌恶程度越高。当 $a=0$ 时，$I(y)$ 为平均对数离差，又称为第二泰尔指数，或泰尔 $-L$ 指数，用 GE(0) 表示。当 $a=1$ 时，$I(y)$ 为泰尔指数，又称为第一泰尔指数，或泰尔 $-T$ 指数，用 GE(1) 表示。当 $a=2$ 时，$I(y)$ 为变异系数平方的 $1/2$。

（二）数据来源

本书财政数据如无特别说明，均来自 2005—2009 年财政部国库司编写的《全国地市县财政统计资料》。如前定义，县级自有财力是指一般预算财政收入，县级可支配财力是指一般预算财政收入与净转移支付收入之和，以上财政数据均采用人均形式。各地区总人口数据来自 2005—2009 年公安部治安管理局编写的《全国分县市人口统计资料》，但是少数县级单位缺乏人口数据，如 2009 年辽宁合作区等，因此，本书剔除了这类人口指标不齐全或者有误的样本。由于各年度县级行政区划有调整和变动，为了使数据具有可比性，本书采取尹恒（2007）的处理方式，清理了 2005—2009 年县级行政区划变更情况，并把它们分为三种情况进行处理。① 同时，

---

① 第一种情况：名称变更或者行政隶属关系变化，但县级单位行政辖区无实质性变化。如 2009 年，江苏省撤销通州市，设立南通市通州区。本书把这类的县级单位视为同一地区，设定的编码不变。2005—2009 年，共发生 16 项。第二种情况：名称不变，但县级单位行政辖区发生实质性变化。如 2009 年江苏省泰兴市胡庄镇划归泰州市高港区管辖，高港区名称不变。本书把这类的县级单位视为不同地区，原编码终止，设置新编码。2005—2009 年，共发生 71 项。第三种情况：名称变化，县级单位行政辖区也发生实质性变化。如 2009 年宁夏回族自治区设立吴忠市红寺堡区。本书也采取原编码终止，设置新编码的办法。2005—2009 年，共发生 13 项。

根据 2006—2010 年《中国统计年鉴》中的各省 GDP 和 GDP 指数等数据，整理计算得到了 2005—2009 年各省的 GDP 平减指数，并用该指数把名义财力调整为实际财力。以往的一些研究通常采用的是全国 GDP 平减指数消除财力的通胀因素的方法，但本书认为这种做法并不可取，原因在于，中国不同地区存在价格水平上的显著差异，一般来说是发达地区价格水平明显高于落后地区的价格水平，因此如果不考虑地区间的价格差异问题，测算出来的县级财力差距就会被低估。

二　转移支付前后县级财力差距的对比

通过以上的数据处理，可以得到本书研究的基础样本集，具体统计性描述列于表 4 - 1 和表 4 - 2。从表 4 - 1 和表 4 - 2 中，可以直观看出，第一，2005—2009 年，县级人均自有财力和可支配财力增长速度较快，其中，人均自有财力的年均增速为 18.47%，人均可支配财力的年均增速为 21.37%，即在获得转移支付后，县级人均可支配财力的增速高于人均自有财力增速。第二，中国县级政府财力差距巨大。在考虑了各地区物价水平差异的条件下，未经过转移支付调节前，2005 年财力最多地区的人均财力是财力最少地区的1149 倍，其后几年两者差距虽然略微缩减，但最大值与最小值之比仍高达 900 倍以上。经过转移支付调节后，县级可支配财力大幅度提高，差距急剧缩小，但是 2009 年最大值与最小值之比仍然高达 218。

表 4 - 1　　　　　　　县级人均自有财力的描述性统计

年度	样本数	均值（元）	标准差	最小值（元）	最大值（元）	最大值/最小值
2005	2812	639	1466	25	28733	1149
2006	2816	768	1579	29	30194	1041
2007	2816	926	1686	33	32109	973
2008	2813	1077	1951	38	36537	961
2009	2819	1260	2132	41	38610	941

表 4 - 2　　　　　　　县级人均可支配财力的描述性统计

年度	样本数	均值（元）	标准差	最小值（元）	最大值（元）	最大值/最小值
2005	2812	1396	1592	131	40299	308
2006	2816	1730	1937	150	45132	301
2007	2816	2003	2294	193	57211	296
2008	2813	2440	2592	220	51309	233
2009	2819	3026	2938	199	43347	218

　　假说2提出，若各地的可支配财力较自有财力分布较为平均，那么，转移支付发挥了一定的均衡作用，即一定程度上缩小了县级财力差距；如果各地的可支配收入分布仍有悬殊较大的情况，则转移支付的均衡作用并未发挥。为验证假说2，采用十等分法和洛伦兹曲线分别测算自有财力和可支配财力的不平等指标的方法进行。

　　首先，本书利用十等分法和洛伦兹曲线对县级自有财力和可支配财力的分布进行测算。十等分法指的是按照人均自有财力和人均可支配财力把基础样本集的样本分为县级数相等的十个组，每个组的样本数是总样本数的10%，根据每个组的人均财力比重来分析财力的集中程度。表4-3人均自有财力十等分组的统计结果表明，总体来说，在2005—2009年，低财力组占总财力的比重略有提高，而最高组占总财力的比重逐渐降低，如最低组占总财力的比重从2005年的0.24%提高到2009年的0.66%，最高组占总财力的比重从2005年的60.72%降低到2009年的50.36%。表4-4人均可支配财力十等分组的统计结果表明，总体来说，在2005—2009年，低财力组占总财力的比重逐渐提高，而最高组占总财力的比重逐渐降低，如最低组占总财力的比重从2005年的1.32%提高到2009年的3.29%，最高组占总财力的比重从2005年的44.63%降低到27.77%。

　　对比表4-3和表4-4可以发现，县级可支配财力的低收入组所占总财力的比重比县级自有财力的低收入组占县级总财力的比重有了较大幅度增加。但是，仍然不能避免的是，即便通过转移支付进行调控，最低县级可支配财力组所占县级总财力的份额仍然不到 4%，而全国财力最为富裕的 10% 的县所拥有的可支配财力却占到县级总财力的 1/4 以上，财力差距问题不容忽视。

表 4-3　　　2005—2009 年人均自有财力十等分统计结果

组别	组内人均财力（元）					各组财力占总自有财力的比重				
	2005 年	2006 年	2007 年	2008 年	2009 年	2005 年	2006 年	2007 年	2008 年	2009 年
1	97.36	103.56	126.61	136.53	172.21	0.24%	0.31%	0.40%	0.41%	0.66%
2	298.73	337.26	364.50	370.98	420.80	0.91%	1.01%	1.10%	1.23%	1.47%
3	410.26	465.89	520.39	616.29	703.13	1.31%	1.56%	1.80%	2.01%	2.27%
4	516.11	592.43	665.04	864.53	925.26	2.17%	2.43%	2.58%	2.92%	3.10%
5	683.29	725.94	783.52	1084.76	1192.06	3.09%	2.95%	3.44%	4.00%	4.20%
6	778.03	981.03	946.87	1294.17	1319.88	3.52%	4.48%	4.55%	5.25%	5.36%
7	917.58	1367.85	1116.55	1787.08	2496.22	5.55%	5.33%	6.22%	6.83%	7.09%
8	1219.52	1500.25	1932.30	2527.73	2915.06	8.18%	8.32%	9.12%	9.54%	9.74%
9	1784.49	2073.68	2676.06	3163.35	3590.93	14.31%	16.23%	16.20%	14.98%	15.77%
10	2203.17	2567.31	3305.47	4283.05	4918.76	60.72%	57.38%	54.58%	52.84%	50.36%

表 4-4　　　2005—2009 年人均可支配财力十等分统计结果

组别	组内人均财力（元）					各组财力占总可支配财力的比重				
	2005 年	2006 年	2007 年	2008 年	2009 年	2005 年	2006 年	2007 年	2008 年	2009 年
1	879.47	1038.59	1157.36	1280.20	1397.08	1.32%	1.56%	1.83%	2.39%	3.29%
2	983.19	1180.34	1289.27	1363.78	1692.95	2.67%	2.77%	3.58%	4.36%	4.71%
3	1197.33	1203.25	1406.54	1748.76	1954.73	2.49%	4.42%	4.68%	5.45%	5.67%
4	1414.83	1526.84	1588.57	1959.10	2396.28	4.81%	4.54%	5.64%	6.38%	6.58%
5	1559.71	1621.06	1680.39	2323.38	2661.99	6.64%	7.07%	6.61%	7.35%	7.52%
6	1793.14	1892.37	1999.10	2562.46	2974.62	7.24%	7.11%	7.84%	8.55%	8.72%
7	1900.77	2025.73	2174.52	2556.70	3318.62	8.57%	8.78%	9.29%	9.89%	10.00%
8	2084.39	2298.95	2603.16	3160.99	3995.89	9.11%	9.54%	11.15%	11.45%	11.48%
9	2291.32	2477.31	2947.48	3836.42	4453.93	12.52%	13.42%	14.22%	14.24%	14.26%
10	2607.84	2942.49	3670.98	5707.02	6446.08	44.63%	40.79%	35.16%	29.95%	27.77%

在表4-3和表4-4的基础上，分别计算县级人均自有财力和人均可支配财力各组的累计收入比重，如表4-5和表4-6所示，并描绘出2005—2009年人均自有财力和可支配财力的洛伦兹曲线，如图4-2和图4-3所示。可以看出，2005—2009年自有财力和可支配财力的洛伦兹曲线都呈现小幅向绝对平均线靠拢的趋势，说明近年来自有财力和可支配财力的分布趋向于均衡的态势。各年度可支配财力的洛伦兹曲线明显比自有财力的洛伦兹曲线更靠近绝对平均线，因此，可在一定程度上说明经过转移支付调节后，县级财力均等化程度加强，转移支付的均等化功能有所体现。

表4-5　　2005—2009年自有财力累计各组财力比重

县级数比重（%）	2005年	2006年	2007年	2008年	2009年
10	0.24%	0.31%	0.40%	0.41%	0.66%
20	1.15%	1.32%	1.50%	1.64%	2.12%
30	2.46%	2.88%	3.30%	3.65%	4.39%
40	4.63%	5.31%	5.88%	6.57%	7.49%
50	7.72%	8.26%	9.32%	10.57%	11.69%
60	11.24%	12.74%	13.88%	15.82%	17.05%
70	16.79%	18.07%	20.10%	22.64%	24.14%
80	24.97%	26.39%	29.22%	32.18%	33.87%
90	39.28%	42.62%	45.42%	47.16%	49.64%
100	100.00%	100.00%	100.00%	100.00%	100.00%

表4-6　　2005—2009年可支配财力累计各组财力比重

县级数比重（%）	2005年	2006年	2007年	2008年	2009年
10	1.32%	1.56%	1.83%	2.39%	3.29%
20	3.99%	4.33%	5.41%	6.74%	8.00%
30	6.48%	8.75%	10.09%	12.19%	13.67%
40	11.29%	13.29%	15.73%	18.57%	20.25%
50	17.93%	20.36%	22.34%	25.92%	27.77%
60	25.17%	27.47%	30.18%	34.47%	36.49%
70	33.74%	36.25%	39.47%	44.35%	46.49%
80	42.85%	45.79%	50.62%	55.81%	57.97%
90	55.37%	59.21%	64.84%	70.05%	72.23%
100	100.00%	100.00%	100.00%	100.00%	100.00%

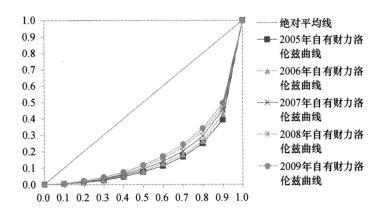

图 4 - 2　2005—2009 年自有财力的洛伦兹曲线

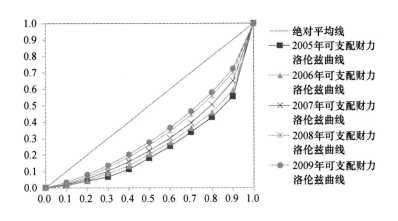

图 4 - 3　2005—2009 年可支配财力的洛伦兹曲线

接下来，我们分别计算县级人均自有财力和人均可支配财力的不平等指标，包括变异系数、基尼系数和泰尔指数，以此来衡量转移支付前后财力分布不平等的变化情况。表 4 - 7 列出了转移支付前后衡量县级财力差距的变异系数、基尼系数和泰尔指数的变化情况。从纵向来看，总的来说，2005—2009 年，无论是转移支付前还是转移支付后，三个指标的数值均比尹恒等（2006）得到的研究结果要大，说明财力差距比之前年度有所扩大，但是从 2005 年之后，三个指标均有不同程度的下降趋势，2008 年略有上升，之后继续下降。对比人均自有财力和人均可支配财力的不平等指标可以发现，转移支付后的人均可支配财力的三个指标均比转移支付前人均自有财力指标有所降低，说明了转移支付确实缩小了县级财力差距。

表4-7　　　2005—2009年转移支付前后县级人均财力比较

年度	变异系数			基尼系数			泰尔指数		
	自有财力	可支配财力	变化（%）	自有财力	可支配财力	变化（%）	自有财力	可支配财力	变化（%）
2005	2.155	1.387	-55.37	0.658	0.461	42.73	0.713	0.285	-150.17
2006	1.908	1.294	-47.45	0.631	0.428	47.42	0.692	0.263	-163.11
2007	1.819	1.145	-58.86	0.607	0.383	-58.49	0.676	0.242	-179.34
2008	1.820	1.062	-71.37	0.608	0.384	-58.33	0.681	0.241	-182.57
2009	1.692	0.971	-74.25	0.590	0.371	-59.03	0.635	0.226	-180.97

注：变化=（可支配财力相关指标-自有财力相关指标）/可支配财力相关指标。

　　然而，我们仍然不能就此下结论认为转移支付完全发挥了其均等性。因为一般而言，财力规模对不平等指标有着重要影响，同样一笔转移支付，如果转移支付前的自有财力的均值越大，那么转移支付后可支配财力的不平等指标的变化就会越小。另外，计算不平等指数不仅受到某项收入和其他收入各自分布的影响，还受到不同收入之间的关系的影响。因此，还需要通过其他方法进一步对县级财力差距进行分析。

第二节　转移支付项目要素对县级财力差距的贡献分解

　　前一节通过对比转移支付前后县级人均财力的变异系数、基尼系数和泰尔指数三个指标的变化情况来分析转移支付的财力均衡效应。这种方法暗含了一种类型的收入是否具有均等化效果可以通过分析总收入各项不平等指标看出。然而，单靠这种分析就给转移支付的均等性下结论是片面的，因为本书更关心的是究竟是县级财力的哪些项目拉大了财力差距，同时，这些要素对不同性质的县级单位的影响又呈现出什么特征？接下来本书将利用基尼系数分解方法，验证假说3、假说4和假说5，进一步探讨转移支付对县级财力影响的均等性。

一　分析方法——基尼系数分解法

所谓收入不平等的要素分解，指的是构成总收入的各要素分别对总收入不平等的贡献率，这种分解常用到的是基尼系数。也就是说，假设构成总收入 y 的分项收入要素为 y_1, y_2, …, y_n，即 $y = y_1 + y_2 + \cdots + y_n$，则总量 y 的不平等是由各分量的不平等加总而成，数学表达式如式（4.6）所示：

$$y = \sum_{i=1}^{n} y_i \tag{4.6}$$

对式（4.6）两边求基尼系数 G 可以得到：

$$G(y) = \sum_{i=1}^{n} \mu/\mu \cdot C(y_i) \tag{4.7}$$

则可以求出每项收入对收入不平等的贡献率：

$$s_i = \frac{\mu_i}{\mu} \times \frac{C(y_i)}{G(y)} \tag{4.8}$$

且 $s.t. \sum_{i=1}^{n} s_i = 1$

式（4.7）和（4.8）中：

μ 表示平均值，μ_i 表示第 i 项收入的平均值，$G(y)$ 表示总收入不平等的基尼系数，$C(y_i)$ 表示第 i 项收入的集中指数。从式（4.7）中可以看出，总收入的基尼系数是分项收入的集中系数的加权平均，权数为分项收入在总收入中的比例。而用这个权数乘以对应的集中系数就可以得到某一分项收入对总量不平等的贡献率。换个角度来看，从式（4.8）由于某分项收入对总收入不平等的贡献主要取决于该分项收入占总收入的比例，以及该分项收入的集中指数 $C(y_i)$，因此，如果 $C(y_i) > G$，则该分项收入是促使总体收入差距扩大的因素；反之，如果 $C(y_i) < G$，则该分项收入是促使总体收入差

距缩小的因素。

二 全国样本的县级可支配财力要素不平等分解

表 4 - 8 反映了 2005—2009 年转移支付后中国县级可支配财力中各项收入来源对县级可支配财力差距的贡献。其中,自有财力是对县级可支配财力差距贡献最大的财力来源,全国县级可支配财力差距有一半左右是由于各地自身筹集资金的情况决定的。但是,自有财力对县级可支配财力差距的贡献率呈不断下降的趋势,2005 年的贡献率为 59.83%,2009 年的贡献率为 49.58%,5 年间下降了近 10 个百分点。与此相对应,转移支付对县级可支配财力差距的贡献也占了一半,并且呈不断上升的趋势,这也进一步印证了尹恒(2007)对转移支付拉大县级可支配财力的结论。2009 年转移支付对县级可支配财力差距的贡献达到了 50.42%。这与前一节的比较转移支付前后不平等指标变化思路的结论形成了较大反差。

表 4 - 8 2005—2009 年县级财力构成对可支配财力不平等的贡献

年度	合计（%）	自有财力（%）	税收返还（%）	一般性转移支付收入（%）	专项转移支付收入（%）	上解性支出（%）
2005	100	59.83	6.48	24.73	16.04	-7.08
2006	100	59.16	6.12	23.95	16.68	-5.91
2007	100	57.81	6.87	22.43	19.01	-5.12
2008	100	56.80	5.91	20.43	22.84	-5.98
2009	100	49.58	5.81	20.38	29.93	-5.70

其中,专项转移支付对县级可支配财力的贡献不断提高,2008 年后成为对县级可支配财力差距贡献最大的类型,2009 年贡献率达到 29.93%。造成这一趋势的原因可能在于专项转移支付规模的逐渐膨胀。在县级转移支付构成中,专项转移支付的比重一直处于上升态势,从 2005 年的 24.7% 上升至 2009 年 47.5%(如图 3 - 5 所示),并成为县级转移支付收入的最大类型。专项转移支付虽然能够体现上级政府的资金分配的意愿和政策倾向,短期内可以在一定

程度上推动基本公共服务均等化，但是长期来看，专项转移支付分配的不科学、管理的不规范和执行中的软约束，导致越发膨胀的转移支付不仅没能平衡地方财力，而且还加速了地方财力的分化。

一般性转移支付对县级可支配财力的贡献率略有降低，从 2005年的 24.73%下降至 2009 年的 20.38%，5 年间下降了 4.35 个百分点。这可能与一般性转移支付比重逐年萎缩有一定关系。如第三章第三节所述，在县级转移支付构成中，一般性转移支付的绝对量虽然不断增加，但其相对数却呈现出逐年下降的趋势。而在县级一般性转移支付中，公认的最具有均等化效应的均衡性转移支付的规模和比重一直处于较低水平，2005—2009 年占一般性转移支付的比重仅为 25%左右，2009 年该比重甚至还低于调整工资转移支付。过低的比重严重阻碍了其均衡功能的发挥。以财政供养人口为测算因素的调整工资转移支付所占比重是最大的，且处于不断上升的趋势，这也就鼓励了那些财政供养人口多的县获得更多的转移支付，而边远地区、贫困地区往往在这种转移支付的获得中就处于被动地位。虽然近年来国家加大了对民族地区转移支付的力度，但是通过分析可以看出，县级民族地区转移支付占比一直较低，仅占到一般性转移支付的 2%左右，即使获得转移支付的县只有 400 多个，但是这一转移支付占民族地区县级可支配财力的份额也不到 10%。

税收返还对县级可支配财力的贡献相对较小，约在 6%左右，这与税收返还的变化趋势是一致的，即税收返还在转移支付结构中所占比重最低，且近年来呈现不断降低趋势，因此，其对县级财力差距的贡献率也较上述两项弱，贡献率逐渐小幅降低。

上解支出（包含原体制上解和专项上解）起到了缩小县级可支配财力差距的积极作用，但是这种作用极为有限，并且这种积极作用呈现先降后升的趋势，如 2005 年上解性支出对缩小财力差距的积极贡献率为 7.08%，2006 年开始小幅下降，2007 年降至 5.12%，2008 年稍微有所回升，2009 年积极贡献率为 5.70%。上解支出一般针对预算支出大于预算收入的地方，因此，它能在一定程度上集中富裕地区少量财力进行重新分配或统一规划使用。但是，考虑到目前县级财政自给率并不高，因此，上解支出的积极作用仍然有限。

由此可见，转移支付的结构不合理是造成转移支付未发挥对县级财力均等化功能的主要原因，这也就充分验证了假说3。

除了转移支付的项目结构以外，各类转移支付的分配方法的不科学和不规范，也是造成这一现象的另一大因素，由此对假说4进行验证。

（1）一般性转移支付对县级财力差距的贡献能力仅次于专项转移支付收入，处于20%—25%的范围内，且呈现出小幅下降的趋势，成为县级财力差距促增因素。进一步地，本书把一般性转移支付中的因素法转移支付单列出来进行详细分解，分别以总人口和财政供养人口进行平均，以考察现实情况下因素法转移支付在选择人口因素时究竟是出于总人口角度考虑还是出于财政供养人口考虑。

由于2008年和2009年的《全国地市县财政统计资料》并未明细列出因素法转移支付的具体数据，因此，表4-9报告了2005—2007年分别以总人口和财政供养人口平均的因素法转移支付对县级可支配财力不平等的贡献情况。在总人口平均的前提下，均衡性转移支付是拉大县级财力不平等的最大项目，且有不断上升的趋势，贡献率从6.47%上升至7.08%。这一结论和尹恒（2007）对2000—2003年样本的研究结论一致，但是与江庆（2010）的结论有些许出入，主要原因在于江庆（2010）研究的样本数仅限于安徽省内，而省内内部差距要远小于各省之间财力的差距。调整工资转移支付是拉大县级财力差距的第二大项目，其对可支配财力差距的贡献率基本保持在4%—7%之间。卢洪友（2012）从转移支付的增量角度出发，也证明了调整工资转移支付更利于富裕县，其均等化作用很弱。民族地区转移支付、农村税费改革补助以及缓解县乡财政困难补助对县级财力差距的贡献较小，三者对财力差距的总贡献率在1.5%左右。

以财政供养人口平均的因素法转移支付的贡献率明显小于以总人口平均的因素法转移支付贡献率，且以财政供养人口平均的因素法转移支付对缩小财力差距起到了积极作用。其中，均衡性转移支付除了在2006年为正，表明稍微拉大了财力差距以外，其余年份均起到了缩小财力差距的作用；调整工资转移支付、农村税费改革补助和缓解县乡财政困难补助对财力差距的贡献率为负数，意味着其均缩小了财力差距；民族地区转移支付的贡献率在0.3左右，也低于以总人口平均下的贡献率。以上的对比结果反映出一个现实问题，因素法转移支付在进行因素选择的时候，主要考虑的是财政供养人口，而忽视了总人口。转移支付的最终目标是使在一个国家内，生活在不同地区的居民都能享受到大致相等的公共服务，以财政供养人口为拨款因素的转移支付与这一目标是相悖的。

表 4 - 9　　　　　　2005—2007 年一般性转移支付中因素法
转移支付对可支配财力不平等的贡献

年度	因素选择	因素法转移支付收入合计（%）	均衡性转移支付（%）	民族地区转移支付（%）	调整工资转移支付（%）	农村税费改革补助（%）	缓解县乡财政困难补助（%）
2005	按总人口平均	13.94	6.47	0.73	5.88	0.47	0.39
	按财政供养人口平均	-0.89	-0.05	0.39	-0.37	-0.74	-0.12
2006	按总人口平均	15.04	6.92	0.61	6.65	0.52	0.34
	按财政供养人口平均	-0.13	0.69	0.23	-0.18	-0.24	-0.63
2007	按总人口平均	12.98	7.08	0.64	4.31	0.53	0.41
	按财政供养人口平均	-1.00	-0.33	0.36	-0.55	-0.21	-0.27

一般性转移支付出现非均衡性的原因除了纳入考虑的人口因素出现严重偏差以外，还在于各类一般性转移支付的分配方式存在的固有缺陷。

第一，最具有均等化效果的均衡性转移支付的核算方式虽然考虑到了各地自然因素（如辖区面积、人口或财政供养人口等）、经济因素（如经济发展程度、产业结构、人均自有财力等）和公共服务成本因素（如公共服务提供成本、运输距离等），但是，目前其占一般性转移支付的比重仅为1/4，过小的比重严重限制其均等性作用的发挥。同时，一些地方在确定均衡性转移支付标准时，仍旧采取按照财政供养人口确定财政支出标准的办法。例如，河北省对市县一般性转移支付分配办法中对基本财力保障补助的确定采用的就是财政供养人口因素，因此，一些财政供养人口较少的农业县、贫穷县在分配上反而陷入不利地位。

第二，占县级一般性转移支付比重最大的调整工资转移支付虽然按照公式进行计算，但是仍旧具有基数性质，中央对地方五次调资转移支付，每次补助地方的数额确定后，以后年度若无新的调资政策出台，均作为基数定额补助给地方，地方再按照这一方法层层分配，这一规定也就忽视了当地 GDP 和人均收入在当年的实际增长情况。同时，看起来是上级拨付的调整工资转移支付倾斜于落后地区，可实际上可能会被用于弥补落后地区的政府运营成本，有悖于财政均等的目标。[1] 例如，湖南省市级财政对县级财政的调整工资转移支付采用的是按照工资增量的 60% 调高，无论是自有财力较高的县区还是自有财力较少的县区均采用这一标准，县级财力差距拉大也就不难理解了。另外，调整工资补助的测算依据是各地的财政供养人口，这就会使那些财政供养人口较多的地区更为受益。

第三，农村税费改革转移支付是为弥补农村税费改革后地方财政收入减少，而由中央及各省级政府提供的补偿性转移支付，主要分配给粮食主产区、农业大县、民族地区以及财政困难地区。然而，这项转移支付的测算依据是税费改革造成的损失的实际数，与通过测算标准财政支出和标准财政收入为依据的均衡性转移支付是不一致的。很可能存在发达地区县级财政因税费改革蒙受的损失远远大于落后地区的情况，那么无论转移支付资金是来源于中央还是省，这些发达县市获得的转移支付要高于落后地区。因此，农村税

---

① 王雍君：《中国的财政均等化和转移支付体制改革》，《中央财经大学学报》2006年第9期。

费改革转移支付的均等化效果是有待商榷的。

第四，民族地区转移支付一部分采用因素法测算，还有一部分仍采用来源地返还规则，这种分配方式虽然有利于激励民族地区的财政努力，但是却和一般性转移支付的设计初衷相矛盾。

第五，以"三奖一补"为主要内容的缓解县乡财政困难转移支付主要体现的政策意图是通过激励性措施调动地方增收减支的积极性，以缓解县乡财政困难。虽然这种转移支付出发点极好，但是其并没有与财政均等因素挂钩，因此，其均等化效果也不能确定。

第六，其他一般性转移支付数额常用财政供养人口作为测算依据，忽视了地区总人口因素，造成一些农业大县、农村大县以及总人口较多的贫困县难以得到上级财政支持。[1]

综上所述，一般性转移支付设立的目标是在于缩小地区财力差距，保证基本公共服务均等化，采用因素法为标准，以各地人口、自然条件等客观因素，通过测算标准财政收支差额最终确定转移支付数额，进行财政资金分配。然而，本书的分析结果却发现，一般性转移支付不但没有起到均衡县级财力的作用，反而拉大了县级财力差距，成为县级财力差距形成的一大推手。

在一般性转移支付的统计中还包括了原体制补助。设立原体制补助的初衷是为了部分保留分税制以前各地方对中央的补助和上解关系，以此实现均等化。然而，由于体制补助是以基数法为标准，分配方式和数额多年保持不变，虽然其在转移支付中所占比重不大，但是也影响到转移支付的均等性。

（2）在转移支付项目构成中，专项转移支付收入对财力差距贡献最大，贡献率在16%—30%，并且逐年上升，2008年后超越了一般性转移支付收入，成为转移支付中对县级财力影响排名最高的财力构成部分。专项转移支付拉大县级财力差距的原因很大程度在于专项转移支付分配的不规范性。由于目前专项转移支付缺乏科学的分配标准和依据，"人情款"、"撒胡椒面"、"跑部钱进"和"讨价

---

① 王爱君：《省以下转移支付制度探讨》，《中央财经大学学报》2011年第4期。

还价"的情况仍旧存在，而贫困地区在获得专项转移支付方面缺乏竞争力和资本①，因此，使专项转移支付大量流入发达地区，因而拉大了县级政府间的财力差距。

第一，采用因素法分配的专项转移支付必须依赖大量的基础统计数据，如总人口、农业人口、在校学生人数、行政区域面积、公共医疗机构卫生床位数等，这些数据都由县级政府上报。由于存在地区之间的竞争，加之上级对县级实际情况并非完全了解，缺乏有效信息，因此往往存在对上报数字进行虚假处理、胡乱申报的情况。而在财政支出需求的测算上，由于缺乏详细和精确的数据，有的地方甚至根据一个大致的比例估算。如根据周美多、颜学勇（2009）② 对中部某县专项转移支付的调查，发现该省对县农村特困户、低保户数量的确定方法是按照总人口的 3% 测算，2007 年减免教科书学生数按照在校学生数的 30% 测算，校舍改造按照 3.5% 的危房发生率测算等。这在财力有限、基础数据不完善、县情差异不大的地区可以作为一种简单易行的测算方法，但是，普遍来说，中国省域内县级经济社会差异较大，采用估算的方法带来的支出需求误差可能会很大，可能会出现有的地方支出需要大，但却被平均掉，而有的地方支出需求小，但却过量分配的情况，从而使得专项转移支付分配不公平，进一步拉大县级财力差距。

第二，采用项目法分配的专项转移支付相比因素法分配而言更具有主观性。主要表现在，其一，现有的 200 多个专项转移支付项目审批和管理涉及多个层级政府和多个政府部门，不仅凸显了分散管理、多头管理的弊端，而且还体现了项目设置过多、资金分散的问题。200 多项专项转移支付实行"一个项目一个办法"的分配和

---

① 江孝感、魏峰、蒋尚华：《我国财政转移支付的适度规模控制》，《管理世界》1999 年第 3 期。

② 周美多、颜学勇：《专项转移支付的政治意蕴——基于中部某县的个案研究》，《武汉大学学报》（哲学社会科学版）2009 年第 6 期。

管理模式，即便这样，也仅有70%的项目制定了具体的管理办法①，而其余30%则根据主观意向进行分配。其二，在获得专项转移支付项目的过程中，最重要的一个环节是项目申请和立项，在项目立项完成后，项目资金一般都会根据相关规定进行测算和拨付。因此，为了争取项目立项，县级政府相关部门需要到上级财政部门或者对口主管机构"跑项目"。跑项目的本质其实就是跑关系、跑人情。通常情况下，贫困地区手中掌握的人力、物力和财力远远低于富裕地区，这就使得在争取项目的起跑线前就已经落后于富裕地区了。同时，在中国式"距离悖论"的假设下，认为层级越高的政府越公正，在跑项目的过程中，县级政府倾向于越过市级政府，而向更高层级的省级政府"进攻"，更甚者，有的投资规模小、外部性范围较窄的县域范围的专项资金的审批权仍集中于国家部委，于是，县级政府为争取这些项目更是"跑部钱进"。然而，国家部委无法真实了解地方上报的项目情况，而基层政府了解居民偏好的信息优势又未得到体现，各地区"跑部钱进"的能力大小不一，可能会导致有的不合规定的项目得以立项申报，而真正需要资金支持的项目却因为主观原因落空。即便是省级政府或者国家部委因为"进贡"的县级单位过多，无法一一照顾，则倾向于采取一种既能体现公正又谁都不得罪的方法来分配资金。同时，由于局限于目前基础数据缺乏的困境中，部分县级专项资金也不得不采用前文所述的估算方法进行。

第三，专款配套不规范，加剧了县级财力分化。上级政府给予的专项拨款要求下级政府给予相应配套的主旨在于引导下级能够按照上级的政策意图安排资金投向，在增加专项资金规模和来源的同时还能够加强下级政府责任，提高资金的使用和管理水平。短期看来，中国采取的专项配套转移支付在扶贫项目、公共安全、义务教育、公共卫生、粮食安全等方面发挥了积极作用，但是，长期看

---

① 李萍、许宏才、李承：《财政体制简明图解》，中国财政经济出版社2010年版，第90页。

来，普遍存在地方专款配套压力大的问题。为此，中央财政改变过去"一刀切"确定的配套率的做法，根据各地区财力的实际情况，设计差别配套比例。差别配套比例主要包括地区差别配套率和层级差别配套率。地区差别配套率是对东中西部的配套率要求不同，东部配套率高于中西部，如新型农村合作医疗、城镇居民医疗保险中央对中西部地区全额补助，东部地区根据各省财力补助比例分别为50%、40%、30%、20%和10%。层级差别配套率是为了缓解县乡财政困难，要求在地方进行配套时，尽可能由省级政府承担。据统计，目前各地省、市、县乡三级承担的配套额分配占70%、20%和10%。① 然而，在实际执行过程中，有的省份不仅没有按要求清理完成已经实行的专项配套政策，还继续出台新的配套政策，导致在各地财政差异较大的基础上进一步扩大了地区差异。同时，为了获得更多的项目和专款，一些财政困难的地区在没有财力配套的情况下，想方设法地采取负债配套或者虚假配套的方式，恶化了当地财政境况，增加了地方财政风险，影响了项目质量，扭曲了转移支付的效果和目标的实现。

（3）税收返还对县级财力差距的贡献率较小，且一直保持着6%左右的比较稳定的态势。税收返还主要包含了两税返还、所得税基数返还以及成品油税费改革转移支付，采用基数法进行分配。税收返还实行与收入来源地挂钩的基数法分配方法，保证了地方既得利益，然而这也暴露出税收返还不具备财力均等性作用的缺点。税收返还采用以往年度各地区某项收入作为分配基数，考虑的并非各地的自然条件、经济因素和公共服务成本的差异，而是地方的既得利益，并且实行逐年递增、收入"从哪里来回哪里去"的返还方法，分配结果出现了富裕地区基数大返还收入多，贫困地区基数小返还收入少的"马太效应"。对于地方而言，税收返还和一般性转移支付一样并未规定具体的用途，因此，地方政府自主空间较大。

---

① 李萍、许宏才、李承：《财政体制简明图解》，中国财政经济出版社2010年版，第97页。

但是，由于税收返还的来源地特征，使得税收返还不仅不具备一般性转移支付弥补地方财力不足、保障基本公共服务均等的功能，而且还在一定程度上限制了均衡性转移支付的规模，横向财力调节功能较弱，对落后地区和民族地区有失公允。①

三 不同地区的县级可支配财力要素不平等分解

为了进一步挖掘各项转移支付对不同区域以及不同类型县级可支配财力差距的不平等贡献情况，验证假说 5，本书将把全国县级单位分成东中西部县、农业县和非农业县②、富裕县和贫困县③以及民族县和非民族县④四种情况进行讨论。

表 4 - 10 报告了 2005—2009 年不同地区县级财力项目构成对可支配财力不平等的贡献情况，从中可以总结出以下几点规律：第一，越是经济发达的地区，县级自有财力对可支配财力差距的贡献率也越高。例如，在东中西部分组中，东部地区经济最发达，其县级自有财力对可支配财力的贡献率也最高，中部地区经济居中，县级自有财力对可支配财力的贡献也比东部地区小，西部地区经济落后，县级自有财力对可支配财力的贡献在三大区域中最低。其余的地区也有类似的规律。第二，经济越是落后的地区，转移支付对可支配财力差距的贡献率也就越高。如西部地区 60% 以上的县级财力差距是由转移支付导致的，并且其贡献率有不断上升的趋势，从2005 年的 65.52% 上升至 2009 年的 72.78%。农业县、贫困县、民族县都有经济落后的特质，它们的自有财力远远不能满足支出需求，而大量的转移支付资金却成为拉大财力差距的重要原因。第三，

---

① 徐博：《关于分税制下税收返还问题的思考》，《财政研究》2010 年第 4 期。

② 农业县的划分标准是第一产业占 GDP 的比重在 40%（含）以上或农业人口在 50%（含）以上。

③ 贫困县的划分依据是国务院扶贫开发领导小组办公室认定的国家级贫困县，而把样本集中县级人均 GDP 排名前 20% 的县划定为富裕县，其余为中等收入县。

④ 根据民族地区转移支付的覆盖范围，本书把内蒙古、新疆、宁夏、青海、广西、贵州、云南、青海 8 个省份的所有县级单位以及吉林延边、湖北恩施、湖南湘西、四川甘孜、四川阿坝、四川凉山、甘肃临夏等少数民族自治州所辖县级单位以及非民省省区及非民族自治州管辖的民族自治县列为民族县，如重庆的酉阳土家族自治县、黑龙江杜尔伯特蒙古族自治县等，其余为非民族县。

表 4 -10　　　　　　　**2005—2009 年不同地区县级财力构成**

对可支配财力不平等的贡献

年度	地区	合计（%）	自有财力（%）	税收返还（%）	一般性转移支付收入（%）	专项转移支付收入（%）	上解性支出（%）
2005	东部	100	83.97	9.59	10.25	8.38	-12.19
	中部	100	54.74	13.95	20.33	18.79	-7.71
	西部	100	34.48	2.43	30.82	33.05	-0.78
	农业县	100	31.04	1.85	27.85	39.47	-0.21
	非农业县	100	52.89	8.26	19.03	22.47	-2.65
	贫困县	100	32.07	1.54	35.79	30.84	-0.24
	中等县	100	36.79	3.08	30.53	30.26	-0.66
	富裕县	100	60.17	7.94	18.79	15.26	-2.16
	民族县	100	25.09	1.87	38.29	35.75	-1.00
	非民族县	100	80.16	11.02	7.48	6.57	-5.23
2006	东部	100	83.26	10.32	8.36	7.29	-9.23
	中部	100	53.28	13.51	19.04	19.52	-5.35
	西部	100	33.56	2.69	31.17	33.29	-0.71
	农业县	100	26.39	1.66	33.62	40.16	-1.83
	非农业县	100	56.81	9.79	17.82	19.54	-3.96
	贫困县	100	31.96	1.61	37.27	29.93	-0.77
	中等县	100	37.92	3.99	32.10	29.18	-3.19
	富裕县	100	59.36	7.22	19.27	20.53	-6.38
	民族县	100	27.36	1.94	35.27	37.08	-1.65
	非民族县	100	79.44	10.28	9.91	7.64	-7.27
2007	东部	100	82.46	10.86	11.03	5.25	-9.61
	中部	100	52.32	13.47	18.02	18.97	-2.78
	西部	100	31.42	1.95	34.73	33.78	-1.89
	农业县	100	5.85	0.86	54.18	39.16	-0.05
	非农业县	100	59.82	7.10	21.20	18.19	-6.30
	贫困县	100	28.93	1.96	50.93	23.77	-5.59
	中等县	100	38.00	3.96	34.55	25.34	-1.85
	富裕县	100	56.34	7.23	20.58	19.34	-3.50
	民族县	100	29.43	1.76	35.32	34.91	-1.43
	非民族县	100	82.47	11.14	10.69	6.02	-10.32

续表

年度	地区	合计（%）	自有财力（%）	税收返还（%）	一般性转移支付收入（%）	专项转移支付收入（%）	上解性支出（%）
2008	东部	100	81.00	9.74	11.64	6.92	-9.26
	中部	100	46.11	10.66	18.61	27.54	-2.91
	西部	100	33.17	1.50	29.12	38.41	-2.20
	农业县	100	33.84	1.38	30.86	36.27	-2.35
	非农业县	100	76.63	9.49	11.13	12.04	-9.29
	贫困县	100	27.04	1.28	41.73	35.03	-6.07
	中等县	100	28.12	2.94	26.09	43.66	-0.80
	富裕县	100	61.57	6.86	19.13	16.48	-4.04
	民族县	100	5.64	0.74	47.67	45.87	0.08
	非民族县	100	58.81	6.11	19.37	21.91	-6.20
2009	东部	100	78.53	11.28	10.83	9.47	-10.10
	中部	100	37.51	7.73	20.89	36.59	-2.72
	西部	100	27.22	1.05	27.71	46.06	-2.04
	农业县	100	5.36	0.66	40.45	53.38	0.14
	非农业县	100	52.46	6.15	19.07	28.40	-6.08
	贫困县	100	15.71	0.60	43.02	44.20	-3.53
	中等县	100	22.21	2.24	26.33	50.15	-0.93
	富裕县	100	66.48	8.82	13.35	16.31	-4.95
	民族县	100	26.94	0.94	28.35	45.68	-1.91
	非民族县	100	74.69	10.72	10.71	14.04	-10.16

县级自有财力对可支配财力贡献率越高的地区，其税收返还对可支配财力差距的贡献也越高；经济相对发达地区（如东部地区、非农业县、富裕县、非民族县）的税收返还对其财力差距的贡献高于经济落后地区（如中西部地区、农业县、贫困县、民族县）。这主要是因为税收返还与各地自有财力中两税收入、所得税收入相挂钩，这一结论也与第三章东部地区县级税收返还占全国县级总税收返还的 2/3 左右，而中西部仅占 1/3 的现状相吻合。第四，在各地区中，

专项转移支付和一般性转移支付是转移支付各类型中对可支配财力差距的贡献最大的类型。第五，上解性支出除了 2008 年对民族县和2009 年对农业县财力差距起到正向贡献外，在其他年份的其余分组均起到了缩小县级财力差距的作用，由于其主要由经济发达县上解，因此，对东部县、富裕县、非农业县和非民族县的财力差距起到了较为明显的积极作用。总体来看，这与前面的分析结果是吻合的。

第三节　转移支付前后地区间和地区内部财力差距的分解

前文的分析从转移支付的项目构成入手进行要素分解，探求的是各类转移支付对县级财力差距的贡献情况。进一步地，本节从地区子集分解的角度，对比分析各地区转移支付前后县级自有财力和可支配财力的地区内部差距和地区间差距的变化情况，进而验证假说 6。

一　分析方法——泰尔指数分解法

所谓收入不平等的地区子样本分解，是指将某个大样本（如全国）的不均等分解为子样本之间（如东中西部、农业县和非农业县、民族县和非民族县以及贫困县和非贫困县）和子样本内部的不均等，则大样本收入的不平等等于小样本内部的收入不平等加上小样本之间的收入不平等，如式（4.9）所示：

$$I(y) = W + B = \sum_{g=1}^{k} n_g I_g(y) + B \qquad (4.9)$$

式（4.9）中：

W 和 B 分别表示组内不平等和组间不平等，k 表示将全部人口按不同群体分组后的组数，如按农业县和非农业县分组，则 $k=2$；按东、中、西部地区分组，则 $k=3$；n_g 和 $I_g(y)$ 分别为各群组的人口规模和收入不平等的指数，即组内不平等。

Kanbur 和 Zhang（1999，2000）根据 GE 指数，在对样本进行分组的基础上，将泰尔指数（GE 指数）分解成组内不平等和组间不平等。其表达式如下式所示：

$$I(y) = \sum_{g=1}^{k} W_g I_g + I(\mu_1 e_1, \cdots, \mu_k e_k) \tag{4.10}$$

$$其中，W_g = \begin{cases} f_g(\mu_g/\mu)^a, & a \neq 0, 1 \\ f_g(\mu_g/\mu), & a = 1 \\ f_g, & a = 0 \end{cases} \tag{4.11}$$

式（4.10）中：

k 是外生给定的组数，用 g 标明。I_g 表示为第 g 组的不平等（GE 指数值），μ_g 是第 g 组的均值，e_g 是长度为 n_g 的一个向量，n_g 是第 g 组的成员数，n 为所有组的总成员数，那么，$f_g = n_g/n$。在式（4.10）中，$W_g I_g$ 表示组内不平等程度，$[W_g I_g/I(y)] \times 100\%$ 表示第 g 组的不平等程度对总体不平等程度的贡献率。$I(\mu_1 e_1, \cdots, \mu_k e_k)$ 表示总体不平等程度的组间不平等部分，$[I(\mu_1 e_1, \cdots, \mu_k e_k)/I(y)] \times 100\%$ 表示组间不平等程度对总体不平等程度的贡献率。

二　分解结果

接下来，本书将考察按照前文不同地区的地区内部和地区之间县级自有财力和可支配财力差距的分解情况，包括东中西部分解、农业县和非农业县分解、贫困县和富裕县分解以及民族县和非民族县分解。当然，本书也考虑到了各省的内部差距和省间差距，也一并在表 4 - 11 和表 4 - 12 中反映出来。

表 4 - 11　　2005—2009 年不同地区县级自有财力差距的分解

财力差距	2005 年		2006 年		2007 年	
	GE（0）	贡献率（%）	GE（0）	贡献率（%）	GE（0）	贡献率（%）
总收入差距	0.7131	100	0.6923	100	0.6758	100
东中西部地区之间差距	0.1464	20.53	0.1261	18.21	0.1212	17.94
东中西部地区内部差距	0.5667	79.47	0.5662	82.79	0.5546	82.06

续表

财力差距	2005 年		2006 年		2007 年	
	GE（0）	贡献率（%）	GE（0）	贡献率（%）	GE（0）	贡献率（%）
其中：东部地区内部差距	0.6725	26.46	0.6625	24.91	0.6562	28.16
中部地区内部差距	0.5013	23.05	0.4674	24.57	0.4493	21.16
西部地区内部差距	0.6508	29.86	0.6399	33.31	0.6380	32.74
农业与非农业县之间差距	0.1019	14.29	0.1019	14.72	8.1705	12.09
农业与非农业县内部差距	0.6112	85.71	0.5904	85.28	59.4125	87.91
其中：农业县内部差距	0.5614	25.96	0.5478	23.83	0.5022	21.05
非农业县内部差距	0.6452	59.75	0.6291	61.45	0.6336	66.86
贫困、中等与富裕县之间差距	0.2785	39.06	0.2605	37.63	0.2963	43.84
贫困、中等与富裕县内部差距	0.4346	60.94	0.4318	62.37	0.3796	56.16
其中：贫困县内部差距	0.4634	13.07	0.4533	13.54	0.4519	11.51
中等县内部差距	0.4297	39.11	0.4209	39.35	0.3776	36.99
富裕县内部差距	0.3820	8.76	0.3761	9.48	0.3615	7.66
民族与非民族县之间差距	0.0210	2.94	0.0209	3.02	0.0221	3.28
民族与非民族县内部差距	0.6921	92.06	0.6714	96.98	0.6537	96.72
其中：民族县内部差距	0.6524	38.75	0.6389	43.04	0.6281	44.85
非民族县内部差距	0.6993	53.31	0.6915	53.94	0.6779	51.87
各省之间差距	0.3086	43.28	0.2793	40.34	0.2822	41.76
各省内部差距	0.4045	56.72	0.4130	59.66	0.3935	58.24

财力差距	2008 年		2009 年	
	GE（0）	贡献率（%）	GE（0）	贡献率（%）
总收入差距	0.6807	100	0.6352	100
东中西部地区之间差距	0.1152	16.92	0.1067	16.80
东中西部地区内部差距	0.5655	83.08	0.5285	83.20
其中：东部地区内部差距	0.6477	28.93	0.5971	27.67
中部地区内部差距	0.4408	21.63	0.4287	23.57
西部地区内部差距	0.6812	32.52	0.6350	31.96
农业与非农业县之间差距	0.0223	3.28	0.0733	11.54
农业与非农业县内部差距	0.6584	96.72	0.5619	88.46
其中：农业县内部差距	0.5981	21.42	0.5837	18.55

续表

财力差距	2008 年		2009 年	
	GE（0）	贡献率（%）	GE（0）	贡献率（%）
非农业县内部差距	0.6779	75.3	0.6000	69.91
贫困、中等与富裕县之间差距	0.2920	42.89	0.2600	40.94
贫困、中等与富裕县内部差距	0.3887	57.11	0.3751	59.06
其中：贫困县内部差距	0.4605	17.20	0.4460	17.74
中等县内部差距	0.3659	30.63	0.3552	28.99
富裕县内部差距	0.3756	9.28	0.3512	12.33
民族与非民族县之间差距	0.0779	11.45	0.0786	12.37
民族与非民族县内部差距	0.6027	88.55	0.5566	87.63
其中：民族县内部差距	0.5217	24.72	0.5390	17.95
非民族县内部差距	0.6410	63.83	0.6206	69.68
各省之间差距	0.3068	45.07	0.2712	42.69
各省内部差距	0.3739	54.93	0.3640	57.31

表 4 – 12　2005—2009 年不同地区县级可支配财力差距的分解

财力差距	2005 年		2006 年		2007 年	
	GE（0）	贡献率（%）	GE（0）	贡献率（%）	GE（0）	贡献率（%）
总收入差距	0.2853	100	0.2629	100	0.2416	100
东中西部地区之间差距	0.0292	10.24	0.0296	11.26	0.0234	9.68
东中西部地区内部差距	0.2561	89.76	0.2333	88.74	0.2182	90.32
其中：东部地区内部差距	0.3121	27.16	0.3095	29.08	0.3010	28.16
中部地区内部差距	0.1977	26.06	0.1872	26.99	0.1782	27.87
西部地区内部差距	0.3269	36.54	0.2946	32.67	0.2315	34.29
农业与非农业县之间差距	0.0050	1.76	0.0030	1.14	0.0007	0.29
农业与非农业县内部差距	0.2803	98.24	0.2599	98.86	0.2409	99.71
其中：农业县内部差距	0.1841	15.61	0.1748	18.80	0.1686	11.99
非农业县内部差距	0.2789	82.63	0.2702	80.06	0.2507	87.72
贫困、中等与富裕县之间差距	0.0683	23.94	0.0565	21.49	0.0628	26.01
贫困、中等与富裕县内部差距	0.2170	76.06	0.2064	78.51	0.1789	73.99
其中：贫困县内部差距	0.1833	17.61	0.1683	19.27	0.1507	16.77

续表

财力差距	2005 年		2006 年		2007 年	
	GE（0）	贡献率（%）	GE（0）	贡献率（%）	GE（0）	贡献率（%）
中等县内部差距	0.2765	32.01	0.2407	32.86	0.2225	30.84
富裕县内部差距	0.1916	26.44	0.1889	26.38	0.1552	26.38
民族与非民族县之间差距	0.0078	2.75	0.0107	4.08	0.0093	3.86
民族与非民族县内部差距	0.2775	97.25	0.2522	95.92	0.2323	96.14
其中：民族县内部差距	0.2305	25.90	0.2286	28.96	0.2280	29.23
非民族县内部差距	0.2577	71.35	0.2408	66.96	0.2341	66.91
各省之间差距	0.1146	40.18	0.0997	37.93	0.0945	39.11
各省内部差距	0.1707	59.82	0.1632	62.07	0.1471	60.89

财力差距	2008 年		2009 年	
	GE（0）	贡献率（%）	GE（0）	贡献率（%）
总收入差距	0.2415	100	0.2259	100
东中西部地区之间差距	0.0260	10.78	0.0239	10.58
东中西部地区内部差距	0.2154	89.22	0.2020	89.42
其中：东部地区内部差距	0.2935	28.82	0.2681	27.79
中部地区内部差距	0.1153	27.60	0.1139	27.66
西部地区内部差距	0.2329	32.80	0.2196	33.97
农业与非农业县之间差距	0.0093	3.86	0.0059	2.61
农业与非农业县内部差距	0.2321	96.14	0.2200	97.39
其中：农业县内部差距	0.2280	29.23	0.1623	11.75
非农业县内部差距	0.2341	66.91	0.2346	85.64
贫困、中等与富裕县之间差距	0.0500	20.72	0.0382	16.92
贫困、中等与富裕县内部差距	0.1914	79.28	0.1877	83.08
其中：贫困县内部差距	0.1495	17.96	0.1574	18.78
中等县内部差距	0.2155	31.55	0.1859	42.11
富裕县内部差距	0.1778	29.77	0.1758	22.19
民族与非民族县之间差距	0.0003	0.14	0.0170	7.51
民族与非民族县内部差距	0.2411	99.86	0.2089	92.49
其中：民族县内部差距	0.1589	11.96	0.2163	28.02
非民族县内部差距	0.2523	87.90	0.2057	54.47
各省之间差距	0.0828	36.65	0.0747	34.25
各省内部差距	0.1431	63.35	0.1434	65.75

　　表 4 - 11 和表 4 - 12 分别报告了 2005—2009 年各子集样本县级自有财力差距和可支配财力差距的分解情况，从中可以看出两个共同的规律：第一，可支配财力的地区间差距和地区内部差距均小于自有财力的地区间差距和地区内部差距，这说明转移支付在一定程度上均衡了各地区的财力差距，当然也与全国财力泰尔指数的下降是显著相关的；第二，无论是哪种分类方法，地区之间差异对财力差距贡献较小，而大部分差距是由于地区内部的差距导致的；并且在转移支付后地区间差距对财力总差距的贡献率缩小，但是地区内部差距对财力总差距的贡献率却在扩大。这和尹恒（2007）的研究结果吻合。在地区内部差距中，各地区子集内部差距的贡献率的格局并没有发生根本改变，如 2009 年东部、中部和西部地区内部自有财力差距为 27.67%、23.57% 和 31.96%，东中西部地区内部可支配财力差距的分配格局分别是 27.79%、27.66% 和 33.97%。这与王朝才领衔的课题组（2008）的研究结论是一致的。这都说明了在地区内部通过转移支付调节财力差距的作用尚未发挥，各地区内部并没有照顾到财力弱小县，甚至在有些年份全国泰尔指数下降了，但是有的地区内部的泰尔指数反而上升。

　　从各地区的可支配财力差距的地区内部差距贡献率情况看，东中西部的分组中，西部县级的不平等对地区内部差距的贡献略大，东部地区次之，中部地区略小，说明了三大区域内部县级财力两极分化的现象均普遍存在。农业县与非农业县的分组中，非农业县的不平等对地区内部财力差距的贡献尤为突出，最高年份的贡献率达到 87.72%，说明了农业县的财力规模较非农业县更平均。从贫困县、中等收入县和富裕县分组测量来看，中等收入县的不平等贡献最大，30%—43% 的财力差距由其导致，且中等收入县的泰尔指数大于富裕县和贫困县，这种划分方式以及分解结果印证了"贫穷俱乐部"和"富翁俱乐部"的存在。从民族和非民族分组测量来看，非民族县的不平等对财力差距的贡献达到 65% 以上。

　　可支配财力差距主要由地区内部差距贡献，该贡献率大于自有财力地区内部差距的贡献率的原因，可以从中央转移支付政策在各省的延续性以及各省财政体制以及转移支付制度的差异方面来追溯。为了扶持老少边穷等落后地区和民族地区的发展，中央转移支付无论从资金投向还是项目设置上均有所倾斜。然而，中央仅能关注到各地区或省际之间的财力平衡，而地区内部和省内财力平衡则由省级政府来履行。另外，中央的财政资金需要经过省和市级政府的再次分配。如果财政资金在省市级出现"雁过拔毛"的现象，省市级截留资金越多，则可用于调节地区内部或省域内县级财政平衡的资金也就越少，财政平衡也就越难实现。根据相关研究，除了4个直辖市以外，转移支付倾向于省内财政公平的省份包括西部地区的云南、西藏、贵州、内蒙古、陕西、新疆，中部地区的吉林、湖北、河南、安徽以及东部地区的江苏、福建、海南；而转移支付呈现出非均衡性的省份包括西部地区的四川、甘肃、广西、青海、宁夏，中部地区的湖南、江西、山西、黑龙江以及东部地区的浙江、广东、山东、辽宁。其中，有的省份甚至在对转移支付资金进行分配时，县级自有财力与获得的转移支付资金呈现出正相关关系，反映出这些省份转移支付目标仍旧是维护各地既得利益，而非财政均等化（刘亮，2011；周美多，2011）。

本章小结

本章运用了收入分配中衍生出来的不平等测算和度量的方法，对2005—2009年中国县级财力差距进行了度量，并对财力要素和地区子集进行了分解，从而验证了假说2至假说6，主要结论如下：

（1）在假说2的验证中，通过十等分法可以看出，2005—2009年自有财力和可支配财力的低财力组占总财力的比重均有所提高，高财力组占总财力的比重有所降低，可支配财力的高低财力组之比比自有财力的高低财力组之比明显缩小。这一结论也可以通过洛伦兹曲线进一步证明，无论是自有财力的洛伦兹曲线还是可支配财力的洛伦兹曲线都发生了向绝对平均线移动的趋势，说明财力差距小幅度缩小，而可支配财力的洛伦兹曲线比自有财力的洛伦兹曲线更靠近绝对公平线。通过对变异系数、基尼系数和泰尔指数的测算表明，2005—2009 年中国县级财力虽然有缩小趋势，但是仍旧不能掩盖差距巨大的事实。转移支付后，财力差距得到一定程度的缓解，三大指标均低于转移支付前的数值。

（2）在假说 3 的验证中，通过基尼系数分解的方法对县级可支配财力构成要素进行分解，结果表明，自有财力造成了近一半的县级可支配财力差距，而另外超过 50% 的可支配财力差距是由转移支付导致的。其中，专项转移支付收入对县级可支配财力差距的贡献最大，并且有不断扩大的趋势；其次是一般性转移支付收入，但有小幅缩小的趋势；税收返还对县级可支配财力差距的贡献在 6% 左右。而专项上解和体制上解支出有较小的均等化作用。

（3）在对假说 4 的检验中，首先对以总人口和财政供养人口平均的因素法转移支付对县级可支配财力差距的贡献进行对比，发现以总人口平均的因素法转移支付的贡献率要大于以财政供养人口平均的贡献率，说明因素法转移支付并未考虑到总人口，而是以财政供养人口为主要因素。其次，分析了现行一般性转移支付、专项转移支付和税收返还分配方式的不合理，是造成转移支付非均等性的一个重要原因。

（4）在对假说 5 的验证中，通过基尼系数分解的方法对不同分类县级组的财力构成要素进行分解，结果表明，越是经济发达的地区，自有财力对可支配财力差距的贡献越突出，而越是经济落后的地区，转移支付对可支配财力差距的贡献越大，其中，专项转移支付收入和一般性转移支付收入对可支配财力贡献最大，特别是在贫困地区尤为突出，而税收返还和上解性支出对发达地区县级可支配财力的贡献也较其他地区显著。

（5）在对假说 6 的验证中，通过泰尔指数分解的方法对地区子集的转移支付前后的县级自有财力和县级可支配财力进行分解，结果表明，转移支付后，县级可支配财力的地区间差距和地区内部差距的泰尔指数均有所降低。然而，无论是哪种分类方法，地区之间差异对县级自有财力和可支配财力差距贡献较小，而大部分差距是由于地区内部的差距导致的，究其原因可以从中央宏观政策在各省的延续性以及各省财政体制以及转移支付制度的差异方面来分析。

第五章　转移支付与县级财力
差距的因素分解

通过第四章的分析可以看出，县级财力差距是普遍存在的一个客观事实，其不仅由各财力组成部分的差异导致，也由地区之间和地区内部差异导致。尽管基尼系数、泰尔指数能够说明和测量财力项目要素和地区子集对县级财力差距的影响，但是却不能说明究竟是哪些因素造成了县级财力差距。接下来，本章将围绕假说1，在对转移支付与县级财力的关系进行 OLS 回归和分位数回归的基础上，利用基于回归的影响因素不平等分解方法探求影响县级财力差距的因素（特别是转移支付）对县级可支配财力差距的贡献程度。在此基础上，分解影响因素（特别是转移支付）对各地区县级可支配财力差距的贡献程度。

第一节　基于回归的县级财力差距因素分解

一　分析方法——Fields – Yoo 静态和动态分解法

采用回归方式分解不平等的做法最早是由 Oaxaca 和 Blinder（1973）提出来的，他们首先提出了分解收入均值的组间差异的方法。此后，许多经济学家不断地发展和完善基于回归的分解方法，例如 Fields 和 Yoo（2000）以及 Fields（2003）、Morduch 和 Sichlar（2003）提出的在回归方程基础上建立的不平等分解指标的新框架。以回归方程为基础的不平等分解的优点在于可以包含任意数量的变量甚至是代理变量，并且能够使所有不平等的决定因素都得到识别和量化。本书将采用 Fields 和 Yoo（2000）以及 Fields（2003）的方法对影响县级财力差距的因素进行静态分解和动态分解。

（一）基于回归的不平等静态分解

首先，建立模型并且确认各因素对收入不平等的影响。假设基础模型为：

$$\ln y = \alpha + \sum_j \beta_j x_j + \varepsilon \tag{5.1}$$

式（5.1）中：

$\ln y$ 为解释变量，即收入的自然对数，x_j 为解释变量，表示影响收入的各种因素，β_j 为回归系数，ε 为随机误差项。

其次，根据 Fields 和 Yoo（2000）以及 Fields（2003）的方法，把式（5.1）的收入方程改写为以下形式：

$$\ln y = \alpha' Z \tag{5.2}$$

或者 $$\ln y = \sum_j^{j+2} a_j Z_j \tag{5.3}$$

式中：

$a = [\alpha,\ \beta_1,\ \beta_2,\ \cdots,\ \beta_j]$，$Z = [1,\ x_1,\ x_2,\ \cdots,\ x_j,\ \varepsilon]$。

最后，根据回归模型，计算每项收入对总收入不平等的贡献，或根据收入来源形式进行收入不平等的分解。

由于式（5.3）中，总收入等于各项收入之和，即：

$$y = \sum_j y_j \tag{5.4}$$

将 Shorrocks（1982）提出的可加可分解理论应用于式（5.4），则有每项收入对总收入不平等的贡献：

$$s_j = \frac{\mathrm{cov}(y_j,\ y)}{\sigma^2(y)} \tag{5.5}$$

式（5.5）中：

$$\sum_j s_j = 1$$

利用式（5.3）和式（5.4）的同质性，用 $\ln y$ 代替 y，用 $a_j Z_j$ 代表 y_j，如果不包含残差项时，则用对数形式表示整个收入不平等的式（5.3）可以分解为：

$$s_j(\ln y) = \frac{\text{cov}(a_j Z_j, \ \ln y)}{\sigma^2(\ln y)}$$

$$= \frac{a_j \sigma(Z_j) \, corr(Z_j, \ \ln y)}{\sigma(\ln y)} \quad (5.6)$$

式（5.6）中：

$$\sum_{j=1}^{j+2} s_j(\ln y) = 1,并且 \sum_{j=1}^{j+2} s_j(\ln y) = R^2(\ln y)$$

其中，s_j（$\ln y$）为 s 的权重，表示该收入来源对整个收入不平等指标的绝对贡献份额，包括各种不同收入来源以及未能解释的部分（即残差项）。对于残差项的问题，目前建立的基本标尺是：模型内变量和常数项对收入 y 的不平等贡献应当不小于残差项的贡献。[①]

（二）基于回归的不平等动态分解

为了分解某个群体的各因素在一定时间内对收入不平等变化的影响，按照 Fields 和 Yoo（2000）以及 Fields（2003）的方法，首先把一定时期内的不平等变化情况作如下表示：

$$I(.)_2 - I(.)_1 = \sum_j [s_{j,2} \times I(.)_2 - s_{j,1} \times I(.)_1] \quad (5.7)$$

式（5.7）中：

下标 1、下标 2 分别表示起止时期，$I(.)$ 表示任意的对数收入不平等指标，s_j 表示第 j 个因素对收入不平等的贡献。从而可以推导出第 j 个因素在这一时期收入不平等变化中所起的作用。

$$\prod_j (I(.)) = \frac{s_{j,2} \times I(.)_2 - s_{j,1} \times I(.)_1}{I(.)_2 - I(.)_1} \quad (5.8)$$

式中：

$\prod_j (I(.))$ 为第 j 个因素对收入不平等变化的贡献，并且

$$\sum \prod_j (I(.)) = \frac{\sum_j [s_{j,2} \times I(.)_2 - s_{j,1} \times I(.)_1]}{I(.)_2 - I(.)_1} = 1。$$

---

① 万广华：《经济发展与收入不均等：方法和证据》，上海三联书店、上海人民出版社 2006 年版，第 32 页。

下面,本书将采取以上分析方法,对县级可支配财力的影响因素进行静态分解和动态分解,特别关注转移支付这一因素对县级可支配财力的影响程度。

二 模型设定及变量说明

县级财力差距是多方面的,不仅与自然、地理、人口、经济发展情况等客观因素密切相关,还与上级对下级政府的转移支付、政策倾斜因素相关。为了分析这些主客观因素对县级财力差距的影响,本书将通过建立回归模型来考察这些因素对县级财力差距的影响程度。首先,建立如下模型。

$$\ln dfr = \beta_0 + \beta_1 \ln trans_{it} + \beta_2 \ln pop_{it} + \beta_3 \ln gdp_{it} + \beta_4 city_{it} + \beta_5 pc_{it}$$
$$+ \beta_6 mc_{it} + \beta_7 oc_{it} + \beta_8 pi_{it} + \beta_9 sgx_{it} + \beta_{10} sgx_{it} \times \ln trans_{it} + \varepsilon_{it}$$

$$(5.9)$$

式(5.9)中:

i 表示第 i 个县级单位,t 分别表示 2005—2009 年,$\ln dfr$ 是被解释变量,表示县级人均可支配财力的自然对数,ε 为随机误差项。

解释变量包括以下两类:第一类变量包括净转移支付收入的自然对数($\ln trans$)、总人口的自然对数($\ln pop$)、人均GDP的自然对数($\ln gdp$)、第一产业增加值占GDP的比重(pi)。净转移支付收入反映了本地居民实际得到的最终转移支付的实惠,其决定了转移支付的整体效果,可以通过这一指标检验转移支付在整体上是否具有均等化取向。一般而言,自有财力差别不大的地区,谁从上级获得的资金数量即净转移支付越多,则人均可支配财力也就越多。总人口反映了地区规模,人口越多,地区规模越大,则可能人均可支配财力也就越低。人均GDP反映了地区经济发展情况,人均GDP越高的地区,经济越发达,则人均财力也就越高。第一产业增加值占GDP的比重反映了地区产业结构,由于税收收入主要来自第二、第三产业,因此,第一产业比重高的地区税收收入就越低,则地区人均财力也就越低,人均可支配财力也就越低。

第二类变量包括城市区虚拟变量($city$)、贫困地区虚拟变量(pc)、民族地区虚拟变量(mc)、边远地区虚拟变量(oc)以及省管县虚拟变量（sgx）。城市区虚拟变量反映地区城市化的影响，城市化程度越高，则财政收入越丰沛，人均财力也就越高。贫困地区虚拟变量反映贫困地区受到上级扶贫政策的支持，扶贫资金较多，会提高当地人均财力，但是通常情况下，由于其自有财力和人口都要少于其他地区，因此，其人均财力究竟是高于还是低于其他地区仍然需要验证。民族地区虚拟变量反映民族政策对人均财力的影响。边远地区①虚拟变量反映地区所处的地理位置，这些边远地区一般远离大中城市，地理位置和交通条件不优越。为考察省管县财政体制改革对县级人均可支配财力的影响，本书纳入了省管县虚拟变量。② 一般认为，省管县不仅有助于释放县域经济的活力，强化县级财政的收支责任，减少转移支付资金的流转层级，还有利于县级获得更多的转移支付，从而可以提高可支配财力，因此，本书还加入了省直管县和净转移支付的交互项（sgx × lntrans），用以观测省管县下转移支付资金的传导机制。

　　为了便于比较，降低样本异质性，本书从 2005—2009 年的样本中选取行政区划稳定的并且相关数据完整的不变样本，并剔除了北京、天津、上海和重庆 4 个直辖市的区级数据，得到每年 1943 个样本，共计 9715 个观测值，具体统计性描述见表 5 - 1。

表 5 - 1 变量含义及描述性统计

变量名	观测值	均值	标准差	变量说明
lndfr	9715	7.61	2.62	县级人均可支配财力的自然对数
ln$trans$	9715	5.16	3.47	净转移支付收入的自然对数
lnpop	9715	13.07	12.77	人口的自然对数
lngdp	9715	9.73	9.78	人均生产总值的自然对数

---

　　① 本书采用人事部和财政部 2001 年 2 月 8 日发布的《关于实施艰苦边远地区津贴的方案》中的划分标准。

　　② 省直县包括了由省级直接管理县级财政的"县财省管"和将经济事务管理权下放至县级政府的"经济扩权"两种类型。数据来源于各省发布的"省管县"改革的相关文件。

续表

变量名	观测值	均值	标准差	变量说明
pi	9715	0.25	0.42	第一产业占 GDP 的比重（即产业结构）
city	9715	0.19	0.39	城市区虚拟变量，市辖区、县级市 = 1
pc	9715	0.30	0.46	贫困地区虚拟变量，贫困县 = 1
mc	9715	0.35	0.48	民族地区虚拟变量，民族县 = 1
oc	9715	0.20	0.41	边远地区虚拟变量，边远地区 = 1
sgx	9715	0.41	0.54	省管县虚拟变量，实行省管县的地区 = 1
sgx × lntrans	9715	2.79	3.51	省管县和净转移支付自然对数的交互项

三 实证结果与分析

（一）回归分析结果

首先，分别对 2005—2009 年的横截面数据进行回归，回归结果如表 5-2 所示。回归结果表明，绝大部分变量的回归系数的符号都与预期一致，除了产业结构和民族地区虚拟变量在一些年份不显著以外，其余变量都具有显著影响。具体而言，净转移支付确实提高了县级人均可支配财力水平，净转移支付越高，地区的人均可支配财力越高。以总人口代表的地方规模对县级可支配财力的影响是反向的，也就是说，人口规模越大的地区，人均可支配财力越低。人均 GDP 与人均可支配财力呈正向关系，即随着经济发展水平的提高，人均可支配财力也会增加。产业结构对人均可支配财力的回归系数在 2007 年不显著，并且系数符号与预期也相反，在其余年份均显著，且与预期情况一致，表明在大部分年度第一产业比重与人均可支配财力呈反向关系，即第一产业所占比重越高，则人均可支配财力越低。

城市区虚拟变量系数符号为正，表明城市区人均可支配财力显著高于农村县人均可支配财力。贫困地区虚拟变量符号为负，表明贫困县的人均可支配财力显著低于中等收入和富裕县的人均可支配财力。民族地区虚拟变量符号为负，并且在 2006—2009 年四个年度并不显著，说明在控制其他变量（如净转移支付、人口、人均 GDP

等）以后，对民族地区采取特殊政策对人均可支配财力并没有显著影响。边远地区虚拟变量符号为负，表明边远县受到交通、区位的制约，人均可支配财力低于邻近大中城市及区位优势较好的县。省管县虚拟变量的符号为正，表明省管县的地区的财力高于没有实行省管县的地区；省管县和转移支付的交互项（sgx × lntrans）符号为正，则意味着省管县能够通过获得更多转移支付资金的途径提高县级财力水平，这可能是因为省管县降低了市级政府截留和盘剥转移支付资金的"概率"，改善了县乡政府财政资金需求传递的方式，改变转移支付资金城市偏向性配置。①

其次，我们考虑2005—2009年的面板数据，并进行对比。由于样本中具有大量不可观测的异质性，所以2005—2009年的面板数据选择固定效应模型进行分析，回归系数及相关检验列于表5-2最后一列。在面板数据中，除了产业结构（pi）和民族地区虚拟变量（mc）回归系数不显著以外，其余变量的系数符号与预期一致并且显著，其中，净转移支付显著提高了县级人均可支配财力水平，在省管县条件下，县级获得更多的转移支付资金将有利于县级可支配财力的提高。

表5-2　2005—2009年全国县级可支配财力影响因素的回归结果

解释变量	2005年（OLS）	2006年（OLS）	2007年（OLS）	2008年（OLS）	2009年（OLS）	2005—2009年（FE）
lntrans	0.216***（20.36）	0.208***（17.43）	0.185***（19.28）	0.235***（31.06）	0.199***（28.34）	0.219***（17.62）
lnpop	-0.702***（-15.30）	-0.935***（-22.91）	-1.019***（-17.84）	-0.854***（-15.33）	-0.871**（-15.79）	-0.910***（-21.03）
lngdp	0.275***（11.24）	0.332***（10.96）	0.323***（18.89）	0.257***（12.37）	0.282***（13.24）	0.296***（18.92）

① 陈思霞、卢胜峰：《"省直管县"弱化了资源的城市偏向性配置吗？——财政转移支付视角》，《上海财经大学学报》2014年第1期。

续表

解释 变量	2005 年 (OLS)	2006 年 (OLS)	2007 年 (OLS)	2008 年 (OLS)	2009 年 (OLS)	2005—2009 年 (FE)
pi	−1.037*** (−7.35)	−0.970*** (−5.37)	0.682 (0.81)	−0.731*** (−5.56)	−0.269 (−1.30)	−0.279 (−0.45)
city	0.882*** (10.21)	0.887*** (11.01)	0.711*** (7.15)	0.719*** (7.82)	0.782*** (5.59)	0.731*** (8.13)
pc	−0.215*** (−7.71)	−0.343*** (−5.24)	−0.410*** (−9.31)	−0.220 (−0.71)	−0.217*** (−10.16)	−0.302*** (−7.95)
mc	−0.062*** (−5.45)	−0.062 (−1.12)	−0.075 (−0.53)	−0.111 (−0.76)	−0.095 (−0.53)	−0.072 (−1.03)
oc	−0.403*** (−4.42)	−0.562*** (−5.46)	−0.573*** (−3.93)	−0.309*** (−3.91)	−0.282*** (−6.02)	−0.314*** (−6.72)
sgx	0.127* (1.81)	0.105*** (9.64)	0.097*** (8.38)	0.074*** (9.61)	0.111*** (10.76)	0.101*** (14.99)
sgx × lntrans	0.024*** (7.63)	0.041*** (13.98)	0.055*** (8.13)	0.035*** (8.45)	0.049*** (9.26)	0.053*** (9.79)
常数项	7.647*** (10.77)	7.396*** (19.35)	7.016*** (10.28)	7.014*** (14.58)	7.551*** (12.61)	7.079*** (13.07)
R^2	0.8889	0.8757	0.8494	0.8932	0.6237	0.8050

注：括号里的数字为 t 统计值，***、**、*分别表示在1%、5%、10%水平下显著，下同。

上述分析中，我们着重考察的是核心变量净转移支付和其他控制变量（如人口、GDP、产业结构等）对县级可支配财力的条件期望的影响。用统计学语言来说，也就是解释变量（x）对被解释变量（y）的条件期望 $E(y|x)$ 的影响，这实际上是均值回归。但我们更关心的是解释变量（x）对被解释变量整个条件分布 $y|x$ 的影响，而条件期望 $E(y|x)$ 只是刻画条件分布 $y|x$ 集中趋势的一个指标而已。如果条件分布 $y|x$ 不是对称分布，则条件期望 $E(y|x)$ 很难反映出整个条件分布的全貌。如果能够估计出条件分布 $y|x$ 的若

干条件分位数（conditional quantiles），就能对条件分布 $y|x$ 有更全面的认识。同时，均值回归由于最小化的目标函数为残差平方和（$\sum\limits_{i=1}^{n} e_i^2$），故容易受极端值的影响。

分位数回归（Quantile regression）使用残差绝对值的加权平均（如 $\sum\limits_{i=1}^{n}|e_i|$）作为最小化的目标函数，有效解决了极端值影响的问题。更重要的是，分位数回归能提供关于条件分布 $y|x$ 的全面信息，通过不同条件分位数回归结果的对比提供出有效的政策支持。因此，我们采取 Koenkerhe 和 Bassett（1978）提出的分位数回归来分析核心变量转移支付对财力十等分组的影响。表 5 - 3 即为 2005—2009 年全国县级可支配财力影响因素的分位数回归结果。

表 5 - 3　　　　2005—2009 年全国县级可支配财力
影响因素的分位数回归结果

解释变量	q10	q20	q30	q40	q50
lntrans	0. 199 ***	0. 219 ***	0. 232 ***	0. 248 ***	0. 262 ***
	(11. 44)	(10. 28)	(19. 70)	(27. 45)	(21. 67)
lnpop	− 0. 848 ***	− 0. 823 ***	− 0. 762 ***	− 0. 749 ***	− 0. 677 ***
	(− 13. 51)	(− 19. 05)	(− 16. 44)	(− 15. 38)	(− 12. 02)
lngdp	0. 283 ***	0. 261 ***	0. 256 ***	0. 152 ***	0. 241 ***
	(13. 52)	(13. 47)	(15. 16)	(12. 27)	(13. 45)
pi	1. 931	− 0. 619	− 0. 946	− 1. 173	− 1. 359
	(0. 79)	(− 0. 86)	(− 1. 23)	(− 1. 29)	(− 1. 42)
city	0. 224 ***	0. 883 ***	0. 827 ***	0. 723 ***	0. 672 ***
	(6. 34)	(8. 55)	(6. 99)	(8. 61)	(6. 81)
pc	0. 144 ***	0. 100 ***	0. 062 ***	− 0. 019 ***	− 0. 290 ***
	(10. 28)	(7. 18)	(11. 54)	(− 9. 12)	(− 9. 85)
mc	0. 083 ***	0. 086 ***	− 0. 167 ***	− 0. 186 **	− 0. 126 ***
	(7. 85)	(8. 73)	(− 13. 22)	(− 12. 51)	(− 10. 06)
oc	− 0. 560 ***	− 0. 515 ***	− 0. 515 ***	− 0. 355 *	− 0. 221 *
	(− 6. 16)	(− 4. 86)	(− 6. 07)	(− 1. 83)	(− 1. 78)

续表

解释变量	q10	q20	q30	q40	q50
sgx	0.109***	0.125***	0.152***	0.100***	0.085***
	(5.79)	(10.63)	(7.78)	(7.05)	(10.93)
sgx × *lntrans*	0.031***	0.035***	0.052***	0.043***	0.040***
	(11.32)	(7.65)	(7.97)	(6.25)	(8.18)
常数项	6.845***	6.962***	7.003***	7.038***	7.054***
	(21.76)	(25.13)	(21.06)	(23.67)	(20.87)
R^2	0.4994	0.5384	0.5644	0.5852	0.6038

解释变量	q60	q70	q80	q90
lntrans	0.274***	0.279***	0.283***	0.275***
	(14.77)	(11.35)	(11.46)	(10.64)
lnpop	−0.582***	−0.574***	−0.559***	−0.595***
	(−10.19)	(−9.90)	(−9.99)	(−10.53)
lngdp	0.235***	0.253***	0.272***	0.286***
	(16.79)	(20.26)	(18.01)	(14.89)
pi	−1.386	−1.193	−0.381	0.046
	(−1.40)	(−1.00)	(−0.30)	(0.04)
city	0.648***	0.559***	0.497***	0.434***
	(8.36)	(12.51)	(9.24)	(8.06)
pc	−0.397***	−0.432***	−0.396	−0.320
	(−6.75)	(−5.06)	(−0.52)	(−0.19)
mc	−0.171***	−0.121***	−0.102***	−0.195***
	(−8.03)	(−6.34)	(−8.24)	(−5.55)
oc	−0.118	−0.070	−0.093	−0.233**
	(−0.97)	(−0.51)	(−0.96)	(−2.40)
sgx	0.101***	0.120***	0.111***	0.115***
	(11.14)	(10.78)	(7.42)	(8.99)
sgx × *lntrans*	0.046***	0.062***	0.054***	0.055***
	(6.12)	(7.45)	(10.04)	(7.24)
常数项	7.351***	7.932***	7.864***	7.227***
	(20.43)	(16.91)	(17.11)	(20.21)
R^2	0.6414	0.6480	0.6142	0.6830

　　由表 5 - 3 可知，随着分位数的增加，净转移支付（lntrans）的估计系数呈现出先上升后下降的趋势，即在 10%—80% 的分位数水平上持续上升，从 0.199 上升至 0.283，但在 90% 的分位数水平上小幅下降至 0.275。这表明，净转移支付对县级人均可支配财力最低组的影响较小，而 60%—80% 的财力组受益最大。这个结论具有相当显著的政策含义，即一味提高净转移支付水平更有利于提高较高财力组的可支配财力水平，而对于低财力组财力水平的提高作用不大，因此，要想提高低财力组的财力水平，不应仅局限于扩大净转移支付的规模，还应该多角度去解决，如优化转移支付规模、规范转移支付拨付程序、科学化转移支付分配方式等。省管县虚拟变量在各组均与可支配财力呈正方向变化，且省管县与转移支付的交互相（$sgx \times lntrans$）与可支配财力显著正相关，表明在各财力组省管县财政体制均有利于县级财政获取转移支付资金，从而影响可支配财力水平的提高。

　　人口与县级人均可支配财力呈反方向变化，并且随着财力水平的上升，人口对财力的影响呈现递减规律。GDP 与县级人均可支配财力呈正方向变化，并且随着财力水平的上升，GDP 对人均财力的影响呈现先降后升的趋势。产业结构对各财力组的回归系数均不显著。城市区虚拟变量与县级人均可支配财力呈正方向变化，表明在各财力组城市区财力水平高于农村县。边远地区虚拟变量与各财力组县级人均可支配财力呈现反方向变化。

　　本书关注到，贫困地区虚拟变量和民族地区虚拟变量的系数变化比较特别：贫困地区虚拟变量与低财力组（10%—30% 分位）的县级人均可支配财力呈正方向变化，而与中高财力组（40%—90%组）的县级人均可支配财力呈反方向变化，且在最高财力组（80%—90% 分位）该影响并不显著，表明在低财力组，贫困县的称号有助于提高县级财力，这可能是因为贫困县能够得到更多的扶贫政策支持和更多的扶贫资金，在低财力组各县财力水平相差极小的情况下，扶贫资金对可支配财力的作用尤为凸显；而在中高财力组，贫困县的称号无助于提高县级可支配财力，且贫困县可支配财力水平低于非贫困县。民族地区虚拟变量与低财力组（10%—20%分位）县级人均可支配财力水平呈正方向变化，而与中高财力组（30%—90%分位）县级人均可支配财力水平呈反方向变化，说明在低收入财力组民族县财力高于非民族地区，这可能与贫困县虚拟变量对低财力组人均财力呈正方向变化的原因类似；而在中高收入财力组民族县财力低于非民族地区。

（二）静态和动态因素分解结果

接下来，本书将利用 Fields – Yoo 分解法，分析以上各因素对县级人均财力差距的贡献情况，如表5－4所示。表5－4第2列至第6列反映的是考虑了残差的2005—2009年各年财力差距的静态分解。解释变量在2005年、2006年、2007年和2008年分别能够解释县级财力差距的82.95%、80.78%、84.41%和83.72%，残差项对财力差距的解释能力分别为17.05%、19.22%、15.59%和16.28%，这说明在这四个年度，本书纳入的变量解释了绝大多数的县级财力差距。而2009年解释变量对县级财力差距的解释能力为62.19%，残差项解释了37.81%的县级财力差距，这与前面回归分析的结果一致，回归分析中的 R^2 比其他年度较小，证明2009年县级财力差距的影响因素还需进一步挖掘。在县级财力差距的各因素中，净转移支付对县级财力差距的贡献率最大，2005—2008年的贡献率大约在30%以上，2009年贡献率为23.94%。其次是人均GDP和人口，其贡献率都在10%—26%之间。在虚拟变量中，省管县虚拟变量和边远地区虚拟变量对县级财力差距影响较大，有3%—10%的财力差距是由于实行省管县导致的，2%的左右财力差距是由于县级单位所处的区域位置和交通环境导致的。其余变量对财力差距的影响较小，均在1%以下。特别地，在横截面和面板模型回归中不显著的产业结构和民族区域虚拟变量对县级财力差距的影响非常小。

表5－4第7列反映的是考虑了2005—2009年财力差距的动态分解。2005—2009年解释变量对县级财力差距的解释能力为70.50%，残差项解释了29.50%的县级财力差距，这说明在动态分解中，本书纳入的变量能够解释绝大多数的财力差距。在县级财力

表 5 - 4　　2005—2009 年各年度县级可支配财力各因素不平等的贡献

年份\\解释变量	2005	2006	2007	2008	2009	2005—2009
trans	33.25	34.05	30.36	30.26	23.94	30.51
pop	17.17	11.72	17.62	19.55	10.48	13.26
gdp	20.16	24.18	25.93	23.74	15.72	18.79
pi	0.27	0.94	0.06	0.63	0.4	0.02
city	2.88	1.78	0.75	0.63	0.46	0.45
pc	1.25	1.03	0.19	0.08	0.02	0.10
mc	0.87	0.74	0.31	0.81	0.14	0.48
oc	2.50	2.59	1.52	2.27	1.55	1.46
sgx	4.60	3.75	7.67	5.75	9.48	5.43
残差项	17.05	19.22	15.59	16.28	37.81	29.50

差距的各因素中，净转移支付仍然是贡献最大的因素，贡献率为30.51%。其次是人均 GDP 和人口，贡献率分别为 18.79%、13.26%。虚拟变量中省管县虚拟变量影响最大，贡献率为 5.43%，其余因素对县级财力差距的贡献很低，均在 2% 以下。以上情况说明，产业结构、交通、地理条件和经济核心区位对县级财力差距的影响并不是很大，而民族地区政策倾斜、贫困县和边远地区称号等特殊照顾政策对县级财力差距的贡献也不大，而且民族地区虚拟变量在一些年份并不显著。因此，净转移支付、人口和经济发展情况是导致县级财力差距的主要因素；城市化、产业结构、经济区位、交通和地理因素对县级财力差距的贡献能力很低，但是可能会通过经济发展水平等渠道对县级财力产生影响；而民族地区、贫困地区和边远地区政策倾斜并不是拉大县级财力差距的主要因素。

第二节　转移支付与不同地区县级财力差距的因素分解

　　前面的分析方法分别从要素、地区以及影响因素三个角度对县级财力不平等进行了分解。本节将延续前文思路，借鉴 Oaxaca

（1973）和 Blinder（1973）所提出来的经验分析方法，具体探讨上节所分析的影响县级可支配财力各因素（尤其是净转移支付）对各地区县级财力差距的影响。

一　分析方法——Oaxaca – Blinder 分解法

Oaxaca – Blinder（1973）方法适合分析两类组的收入差距，如之前分类的农业县和非农业县、贫困县和非贫困县、民族县和非民族县之间的财力差距。现以农业县和非农业县的分类方法为例，来说明具体的分析方法。

首先，通过回归方法估计两类县级组的财力方程。假设农业县组和非农业县组的人均财力方程分别表示如下。

$$\text{非农业县：} \ln y^{nagr} = \beta^{nagr} x^{nagr} + \varepsilon^{nagr} \tag{5.10}$$

$$\text{农业县：} \ln y^{agr} = \beta^{agr} x^{agr} + \varepsilon^{agr} \tag{5.11}$$

在式（5.10）和式（5.11）中，$\ln y$ 表示组内某个县级人均财力的对数，是被解释变量；β 为包括常数项的回归系数向量，x 为一组表示县级人均财力特征的解释变量（如净转移支付、经济发展水平、第一产业比重、人口等），ε 为误差项，agr 和 $nagr$ 分别表示农业县组和非农业县组。

其次，利用回归结果分解组间的平均财力对数差距。将式（5.10）减去式（5.11），则可以得到农业县组和非农业县组之间的财力对数均值的差异：

$$\ln y^{nagr} - \ln y^{agr} = \Delta x \beta^{agr} + \Delta \beta x^{nagr} \tag{5.12}$$

或

$$\ln y^{nagr} - \ln y^{agr} = \Delta x \beta^{nagr} + \Delta \beta x^{agr} \tag{5.13}$$

式（5.12）和式（5.13）中：

$$\Delta x = x^{nagr} - x^{agr}, \quad \Delta \beta = \beta^{nagr} - \beta^{agr}$$

假定财力方程为单变量回归方程，则财力差距可以用图 5 – 1 表示。

式（5.12）与式（5.13）的区别在于：式（5.12）为标准分解方法，采用农业组的系数作为个体特征差异的权数，采用非农业组的平价特征作为系数差异的权数。式（5.13）为反向分解法，采用非农业县组的系数作为个体特征的权数，而采用农业县组的评价特征作为系数差异的权数。

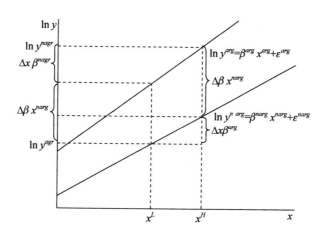

图 5 - 1　Oaxaca - Blinder 方法对农业县组和非农业县组财力差距的分解

接下来，可以把式（5.12）与式（5.13）看作是分解的特殊形式，从而得到分解的一般形式方程：

$$\ln y^{nagr} - \ln y^{agr} = \Delta x \beta^{agr} + \Delta \beta x^{agr} + \Delta x \Delta \beta \qquad (5.14)$$
$$= E + C + CE$$

式（5.14）说明了，人均财力对数的平均差距由个体特征差距（E）、系数差距（C）以及来自个体特征和系数交互作用产生的差距（CE）三个部分组成。结合式（5.12）的标准分解和式（5.13）的反向分解，可以得到 Oaxaca - Blinder 的综合分解：

$$\ln y^{nagr} - \ln y^{agr} = \Delta x [D\beta^{nagr} + (I - D)\beta^{agr}] + \Delta \beta [x^{nagr} (I - D) + x^{agr} D] \qquad (5.15)$$

式（5.15）中：

$I = 1$ 为单位矩阵，D 为权数矩阵。当 $D = 0$ 时，为标准分解；当 $D = 1$ 时，为反向分解。

接下来，本书将利用 Oaxaca - Blinder 方法对各地区县级可支配财力差距进行分解，由于这种分类方法针对的是两类群组之间的差距分解，因此本书将主要分析转移支付对农业县和非农业县之间的财力差距、贫困县和非贫困县之间的财力差距以及民族县和非民族县之间的财力差距的贡献情况。各变量的描述性统计与含义见上节。

二 农业县和非农业县可支配财力差距的分解

表 5 - 5、表 5 - 6、表 5 - 7、表 5 - 8 和表 5 - 9 分别报告了 2005—2009 年农业县和非农业县财力差距的分解结果。由于农业县和非农业县的划分是根据第一产业在 GDP 中所占比重为标准划分的，因此，在进行分解时，剔除了产业结构（pi）这一指标。2005 年，农业县和非农业县财力差距的条件均值差异为 0.453，非农业县比农业县人均财力高出 57.09%（即 $e^{0.453} - 1$）。其中，由组内个体特征因素引起的差异在 0.352—0.377，可解释农业县和非农业县财力差距的 77.70%—83.22%。净转移支付对财力差距的贡献在 26.27%—36.20%，人口和经济发展水平对财力差距的贡献分别在 17.22%—17.44% 和 18.54%—22.52%。由财入回报引起的系数差异在 0.076—0.101，占总财力差异的 16.78%—22.30%，这是不可解释的不合理部分。

表 5 - 5   2005 年农业县和非农业县可支配财力差距分解结果

变量	总差异	标准分解				反向分解			
		差异值	可解释部分	差异值	不可解释部分	差异值	可解释部分	差异值	不可解释部分
	$E + C + CE$	E	%	$C + E$	%	$E + CE$	%	C	%
trans	0.210	0.119	26.27	0.091	20.09	0.164	36.20	0.046	10.15
pop	0.093	0.079	17.44	0.014	3.09	0.078	17.22	0.015	3.31
gdp	0.173	0.102	22.52	0.071	15.67	0.084	18.54	0.089	19.65
city	-0.023	-0.019	-4.19	-0.004	-0.88	-0.011	-2.43	-0.012	-2.65
pc	-0.022	0.015	3.31	-0.037	-8.17	-0.002	-0.44	-0.02	-4.42
mc	0.058	-0.003	-0.66	0.061	13.47	0.033	7.28	0.025	5.52
oc	0.002	0.026	5.74	-0.024	-5.30	0.010	2.21	-0.008	-1.77
sgx	0.043	0.033	7.28	0.010	2.21	0.021	4.64	0.022	4.86
常数项	-0.081	0.000	0.00	-0.081	-17.88	0.000	0.00	-0.081	-17.88
合计	0.453	0.352	77.70	0.101	22.30	0.377	83.22	0.076	16.78

表5－6 2006 年农业县和非农业县可支配财力差距分解结果

变量	总差异	标准分解					反向分解			
		差异值	可解释部分	差异值	不可解释部分	差异值	可解释部分	差异值	不可解释部分
	$E+C+CE$	E	%	$C+E$	%	$E+CE$	%	C	%
trans	0.171	0.154	19.95	0.017	2.20	0.102	13.21	0.075	9.72
pop	0.164	0.137	17.75	0.027	3.50	0.153	19.82	0.011	1.42
gdp	0.178	0.154	19.95	0.024	3.11	0.129	16.71	0.049	6.35
city	0.013	0.006	0.78	0.007	0.91	0.009	1.17	0.004	0.52
pc	0.002	0.003	0.39	−0.001	−0.13	0.001	0.13	0.001	0.13
mc	0.034	0.025	3.24	0.009	1.17	0.012	1.55	0.022	2.85
oc	0.057	0.036	4.66	0.021	2.72	0.027	3.50	0.030	3.89
sgx	0.022	0.014	1.81	0.008	1.04	0.024	3.11	−0.002	−0.26
常数项	0.131	0.000	0.00	0.131	16.97	0.000	0.00	0.131	16.97
合计	0.772	0.529	68.52	0.243	31.48	0.457	59.20	0.321	41.58

表5－7 2007 年农业县和非农业县可支配财力差距分解结果

变量	总差异	标准分解					反向分解			
		差异值	可解释部分	差异值	不可解释部分	差异值	可解释部分	差异值	不可解释部分
	$E+C+CE$	E	%	$C+E$	%	$E+CE$	%	C	%
trans	0.160	0.112	16.87	0.048	7.23	0.092	13.86	0.068	10.24
pop	0.137	0.105	15.81	0.032	4.82	0.185	27.86	−0.048	−7.23
gdp	0.135	0.200	30.12	−0.065	−9.79	0.108	16.27	0.027	4.07
city	−0.017	−0.016	−2.41	−0.001	−0.15	−0.014	−2.11	−0.003	−0.45
pc	−0.074	0.025	3.77	−0.099	−14.91	−0.030	−4.52	−0.044	−6.63
mc	0.047	0.003	0.45	0.044	6.63	0.029	4.37	0.018	2.71
oc	0.001	0.060	9.04	−0.059	−8.89	0.020	3.01	−0.019	−2.86
sgx	0.041	0.017	2.56	0.024	3.61	0.032	4.82	0.009	1.36
常数项	0.234	0.000	0.00	0.234	35.24	0.000	0.00	0.234	35.24
合计	0.664	0.506	76.20	0.158	23.80	0.422	63.55	0.242	36.45

表5-8　2008年农业县和非农业县可支配财力差距分解结果

变量	总差异	标准分解				反向分解			
		差异值	可解释部分	差异值	不可解释部分	差异值	可解释部分	差异值	不可解释部分
	$E+C+CE$	E	%	$C+E$	%	$E+CE$	%	C	%
trans	0.117	0.084	12.80	0.033	5.03	0.097	14.79	0.02	3.05
pop	0.165	0.120	18.29	0.045	6.86	0.135	20.58	0.03	4.57
gdp	0.184	0.163	24.85	0.021	3.20	0.144	21.95	0.04	6.10
city	-0.019	-0.018	-2.74	-0.001	-0.15	-0.011	-1.68	-0.008	-1.22
pc	0.014	0.016	2.44	-0.002	-0.30	-0.012	-1.83	0.026	3.96
mc	0.004	0.007	1.07	-0.003	-0.46	0.004	0.61	0	0.00
oc	0.016	0.006	0.91	0.010	1.52	0.004	0.61	0.012	1.83
sgx	0.021	0.018	2.74	0.003	0.46	0.009	1.37	0.012	1.83
常数项	0.154	0.000	0.00	0.154	23.48	0.000	0.00	0.154	23.48
合计	0.656	0.396	60.37	0.260	39.63	0.370	56.40	0.286	43.60

表5-9　2009年农业县和非农业县可支配财力差距分解结果

变量	总差异	标准分解				反向分解			
		差异值	可解释部分	差异值	不可解释部分	差异值	可解释部分	差异值	不可解释部分
	$E+C+CE$	E	%	$C+E$	%	$E+CE$	%	C	%
trans	0.151	0.119	22.45	0.032	6.04	0.090	16.98	0.061	11.51
pop	0.202	0.127	23.96	0.075	14.15	0.096	18.11	0.106	20.00
gdp	0.296	0.156	29.43	0.140	26.42	0.097	18.30	0.199	37.55
city	-0.029	-0.023	-4.34	-0.006	-1.13	-0.008	-1.51	-0.021	-3.96
pc	-0.038	0.017	3.21	-0.055	-10.38	-0.014	-2.64	-0.024	-4.53
mc	0.059	0.005	0.94	0.054	10.19	0.038	7.17	0.021	3.96
oc	0.015	0.030	5.66	-0.015	-2.83	0.019	3.58	-0.004	-0.75
sgx	0.029	0.021	3.96	0.008	1.51	0.014	2.64	0.015	2.83
常数项	-0.155	0.000	0.00	-0.155	-29.25	0.000	0.00	-0.155	-29.25
合计	0.530	0.452	85.28	0.078	14.72	0.332	62.64	0.198	37.36

2006 年，农业县和非农业县财力差距的条件均值差异为 0.772，非农业县比农业县人均财力高出 115.90%（即 $e^{0.772} - 1$）。其中，由组内个体特征因素引起的差异在 0.457—0.529，可解释农业县和非农业县财力差距的 59.20%—68.52%。净转移支付对财力差距的贡献在 13.21%—19.95%，人口和经济发展水平对财力差距的贡献分别在 17.75%—19.82% 和 16.71%—19.95%。由财入回报引起的系数差异在 0.243—0.321，占总财力差异的 31.48%—41.58%，这是不可解释的不合理部分。

2007 年，农业县和非农业县财力差距的条件均值差异为 0.664，非农业县比农业县人均财力高出 93.86%（即 $e^{0.664} - 1$）。其中，由组内个体特征因素引起的差异在 0.422—0.506，可解释农业县和非农业县财力差距的 63.55%—76.20%。净转移支付对财力差距的贡献在 13.86%—16.87%，人口和经济发展水平对财力差距的贡献分别在 15.81%—27.86% 和 16.27%—30.12%。由财入回报引起的系数差异在 0.158—0.242，占总财力差异的 23.80%—36.45%，这是不可解释的不合理部分。

2008 年，农业县和非农业县财力差距的条件均值差异为 0.656，非农业县比农业县人均财力高出 92.32%（即 $e^{0.656} - 1$）。其中，由组内个体特征因素引起的差异在 0.370—0.396，可解释农业县和非农业县财力差距的 56.40%—60.37%。净转移支付对财力差距的贡献在 12.80%—14.79%，人口和经济发展水平对财力差距的贡献分别在 18.29%—20.58% 和 21.95%—24.85%。由财入回报引起的系数差异在 0.260—0.286，占总财力差异的 39.63%—43.60%，这是不可解释的不合理部分。

2009 年，农业县和非农业县财力差距的条件均值差异为 0.530，非农业县比农业县人均财力高出 69.62%（即 $e^{0.530} - 1$）。其中，由组内个体特征因素引起的差异在 0.332—0.452，可解释农业县和非农业县财力差距的 62.64%—85.28%。净转移支付对财力差距的贡献在 16.98%—22.45%，人口和经济发展水平对财力差距的贡献分别在 18.11%—23.96% 和 18.30%—29.43%。由财入回报引起的系数差异在 0. 078—0. 198，占总财力差异的 14. 72%—37. 36%，这是不可解释的不合理部分。

三 贫困县和非贫困县可支配财力差距的分解

表 5 - 10、表 5 - 11、表 5 - 12、表 5 - 13 和表 5 - 14 分别报告了 2005—2009 年贫困县和非贫困县财力差距的分解结果。2005 年，贫困县和非贫困县财力差距的条件均值差为 0. 591，非贫困县比贫困县人均财力高出 80. 25% （即 $e^{0.591} - 1$）。其中，由组内个体特征因素引起的差异在 0. 353—0. 370，可解释贫困县和非贫困县财力差距的 59. 73%—62. 61%。净转移支付对财力差距的贡献在 12. 01%—15. 74%，人口和经济发展水平对财力差距的贡献分别在 13. 20%—15. 06% 和 21. 83%—25. 04%。由财入回报引起的系数差异在 0. 221—0. 238，占总财力差异的 37. 39%—40. 27%，这是不可解释的不合理部分。

表 5 - 10　2005 年贫困县和非贫困县可支配财力差距分解结果

变量	总差异	标准分解				反向分解			
		差异值	可解释部分	差异值	不可解释部分	差异值	可解释部分	差异值	不可解释部分
	$E + C + CE$	E	%	$C + E$	%	$E + CE$	%	C	%
trans	0. 132	0. 093	15. 74	0. 039	6. 60	0. 071	12. 01	0. 061	10. 32
pop	0. 108	0. 089	15. 06	0. 019	3. 21	0. 078	13. 20	0. 030	5. 08
gdp	0. 163	0. 129	21. 83	0. 034	5. 75	0. 148	25. 04	0. 015	2. 54
pi	0. 019	0. 024	4. 06	− 0. 005	− 0. 85	0. 009	1. 52	0. 010	1. 69
city	0. 010	0. 008	1. 35	0. 002	0. 34	0. 004	0. 68	0. 006	1. 02
mc	0. 023	0. 010	1. 69	0. 013	2. 20	0. 018	3. 05	0. 005	0. 85
oc	0. 003	0. 012	2. 03	− 0. 009	− 1. 52	0. 011	1. 86	− 0. 008	− 1. 35
sgx	0. 009	0. 005	0. 85	0. 004	0. 68	0. 014	2. 37	− 0. 005	− 0. 85
常数项	0. 124	0. 000	0. 00	0. 124	20. 98	0. 000	0. 00	0. 124	20. 98
合计	0. 591	0. 370	62. 61	0. 221	37. 39	0. 353	59. 73	0. 238	40. 27

表 5 - 11　2006 年贫困县和非贫困县可支配财力差距分解结果

变量	总差异	标准分解				反向分解			
		差异值	可解释部分	差异值	不可解释部分	差异值	可解释部分	差异值	不可解释部分
	$E + C + CE$	E	%	$C + E$	%	$E + CE$	%	C	%
trans	0.126	0.065	10.59	0.061	9.93	0.102	16.61	0.024	3.91
pop	0.099	0.089	14.50	0.010	1.63	0.127	20.68	- 0.028	- 4.56
gdp	0.152	0.116	18.89	0.036	5.86	0.133	21.66	0.019	3.09
pi	0.028	0.013	2.12	0.015	2.44	0.009	1.47	0.019	3.09
city	0.010	0.004	0.65	0.006	0.98	0.007	1.14	0.003	0.49
mc	0.009	0.013	2.12	- 0.004	- 0.65	0.006	0.98	0.003	0.49
oc	0.021	0.015	2.44	0.006	0.98	0.011	1.79	0.010	1.63
sgx	0.014	0.008	1.30	0.006	0.98	0.004	0.65	0.010	1.63
常数项	0.155	0.000	0.00	0.155	25.24	0.000	0.00	0.155	25.24
合计	0.614	0.323	52.61	0.291	47.39	0.399	64.98	0.215	35.02

表 5 - 12　2007 年贫困县和非贫困县可支配财力差距分解结果

变量	总差异	标准分解				反向分解			
		差异值	可解释部分	差异值	不可解释部分	差异值	可解释部分	差异值	不可解释部分
	$E + C + CE$	E	%	$C + E$	%	$E + CE$	%	C	%
trans	0.118	0.081	14.54	0.037	6.64	0.116	20.83	0.002	0.36
pop	0.134	0.078	14.00	0.056	10.05	0.106	19.03	0.028	5.03
gdp	0.174	0.109	19.57	0.065	11.67	0.119	21.36	0.055	9.87
pi	0.023	0.046	8.26	- 0.023	- 4.13	0.030	5.39	- 0.007	- 1.26
city	- 0.062	0.008	1.44	- 0.070	- 12.57	0.028	5.03	- 0.090	- 16.16
mc	0.018	0.043	7.72	- 0.025	- 4.49	0.026	4.67	- 0.008	- 1.44
oc	0.026	0.020	3.59	0.006	1.08	0.022	3.95	0.004	0.72
sgx	0.040	0.010	1.80	0.030	5.39	0.022	3.95	0.018	3.23
常数项	0.086	0.000	0.00	0.086	15.44	0.000	0.00	0.086	15.44
合计	0.557	0.395	70.92	0.162	29.08	0.469	84.20	0.088	15.80

表5-13 2008年贫困县和非贫困县可支配财力差距分解结果

变量	总差异	标准分解				反向分解			
		差异值	可解释部分	差异值	不可解释部分	差异值	可解释部分	差异值	不可解释部分
	$E+C+CE$	E	%	$C+E$	%	$E+CE$	%	C	%
trans	0.236	0.101	14.79	0.135	19.77	0.129	18.89	0.107	15.67
pop	0.132	0.118	17.28	0.014	2.05	0.145	21.23	-0.013	-1.90
gdp	0.273	0.199	29.14	0.074	10.83	0.044	6.44	0.229	33.53
pi	0.027	-0.001	-0.15	0.028	4.10	0.004	0.59	0.023	3.37
city	0.027	0.019	2.78	0.008	1.17	0.009	1.32	0.018	2.64
mc	-0.026	0.130	19.03	-0.156	-22.84	0.028	4.10	-0.054	-7.91
oc	0.046	-0.026	-3.81	0.072	10.54	0.016	2.34	0.030	4.39
sgx	0.039	0.017	2.49	0.022	3.22	0.014	2.05	0.025	3.66
常数项	-0.071	0.000	0.00	-0.071	-10.40	0.000	0.00	-0.071	-10.40
合计	0.683	0.557	81.55	0.126	18.45	0.389	56.95	0.294	43.05

表5-14 2009年贫困县和非贫困县可支配财力差距分解结果

变量	总差异	标准分解				反向分解			
		差异值	可解释部分	差异值	不可解释部分	差异值	可解释部分	差异值	不可解释部分
	$E+C+CE$	E	%	$C+E$	%	$E+CE$	%	C	%
trans	0.147	0.094	13.80	0.053	7.78	0.113	16.59	0.034	4.99
pop	0.254	0.208	30.54	0.046	6.75	0.187	27.46	0.067	9.84
gdp	0.158	0.109	16.01	0.049	7.20	0.127	18.65	0.031	4.55
pi	0.060	0.023	3.38	0.037	5.43	0.047	6.90	0.013	1.91
city	0.008	0.003	0.44	0.005	0.73	-0.053	-7.78	0.061	8.96
mc	0.018	0.085	12.48	-0.067	-9.84	0.041	6.02	-0.023	-3.38
oc	0.044	0.006	0.88	0.038	5.58	0.028	4.11	0.016	2.35
sgx	0.029	0.019	2.79	0.010	1.47	0.013	1.91	0.016	2.35
常数项	-0.037	0.000	0.00	-0.037	-5.43	0.000	0.00	-0.037	-5.43
合计	0.681	0.547	80.32	0.134	19.68	0.503	73.86	0.178	26.14

2006 年，贫困县和非贫困县财力差距的条件均值差异为 0.614，非贫困县比贫困县人均财力高出 84.43%（即 $e^{0.614}-1$）。其中，由组内个体特征因素引起的差异在 0.323—0.399，可解释贫困县和非贫困县财力差距的 52.61%—64.98%。净转移支付对财力差距的贡献在 10.59%—16.61%，人口和经济发展水平对财力差距的贡献分别在 14.50%—20.68% 和 18.89%—21.66%。由财入回报引起的系数差异在 0.215—0.291，占总财力差异的 35.02%—47.39%，这是不可解释的不合理部分。

2007 年，贫困县和非贫困县财力差距的条件均值差异为 0.557，非贫困县比贫困县人均财力高 74.25%（即 $e^{0.557}-1$）。其中，由组内个体特征因素引起的差异在 0.395—0.469，可解释贫困县和非贫困县财力差距的 70.92%—84.20%。净转移支付对财力差距的贡献在 14.54%—20.83%，人口和经济发展水平对财力差距的贡献分别在 14.00%—19.03% 和 19.57%—21.36%。由财入回报引起的系数差异在 0.088—0.162，占总财力差异的 15.80%—29.08%，这是不可解释的不合理部分。

2008 年，贫困县和非贫困县财力差距的条件均值差异为 0.683，非贫困县比贫困县人均财力高出 97.57%（即 $e^{0.683}-1$）。其中，由组内个体特征因素引起的差异在 0.389—0.557，可解释贫困县和非贫困县财力差距的 56.95%—81.55%。净转移支付对财力差距的贡献在 14.79%—18.89%，人口和经济发展水平对财力差距的贡献分别在 17.28%—21.23% 和 6.44%—29.14%。由财入回报引起的系数差异在 0.126—0.294，占总财力差异的 18.45%—43.05%，这是不可解释的不合理部分。

2009 年，贫困县和非贫困县财力差距的条件均值差异为 0.681，非贫困县比贫困县人均财力高出 97.18%（即 $e^{0.681}-1$）。其中，由组内个体特征因素引起的差异在 0.503—0.547，可解释贫困县和非贫困县财力差距的 73.86%—80.32%。净转移支付对财力差距的贡献在 13.80%—16.59%，人口和经济发展水平对财力差距的贡献分别在 27.46%—30.54% 和 16.01%—18.65%。由财入回报引起的系数差异在 0. 134—0. 178，占总财力差异的 19. 68%—26. 14%，这是不可解释的不合理部分。

四 民族县和非民族县可支配财力差距的分解

表 5 – 15、表 5 – 16、表 5 – 17、表 5 – 18 和表 5 – 19 分别报告了 2005—2009 年民族县和非民族县财力差距的分解结果。2005 年，民族县和非民族县财力差距的条件均值差异为 0. 679，非民族县比民族县人均财力高出 96. 78%（即 $e^{0.679} - 1$）。其中，由组内个体特征因素引起的差异在 0. 430—0. 461，可解释民族县和非民族县财力差距的 63. 33%—67. 89%。净转移支付对财力差距的贡献在 15. 76%—17. 38%，人口和经济发展水平对财力差距的贡献分别在 12. 08%—14. 87% 和 9. 28%—10. 46%。由财入回报引起的系数差异在 0. 218—0. 249，占总财力差异的 32. 11%—36. 67%，这是不可解释的不合理部分。

表 5 – 15　　2005 年民族县和非民族县可支配财力差距分解结果

变量	总差异	标准分解					反向分解		
		差异值	可解释部分	差异值	不可解释部分	差异值	可解释部分	差异值	不可解释部分
	$E+C+CE$	E	%	$C+E$	%	$E+CE$	%	C	%
trans	0. 130	0. 107	15. 76	0. 023	3. 39	0. 118	17. 38	0. 012	1. 77
pop	0. 106	0. 082	12. 08	0. 024	3. 53	0. 101	14. 87	0. 005	0. 74
gdp	0. 093	0. 071	10. 46	0. 022	3. 24	0. 063	9. 28	0. 030	4. 42
pi	0. 016	0. 033	4. 86	- 0. 017	- 2. 50	0. 040	5. 89	- 0. 024	- 3. 53
city	0. 020	0. 017	2. 50	0. 003	0. 44	0. 014	2. 06	0. 006	0. 88
pc	0. 011	0. 004	0. 59	0. 007	1. 03	0. 009	1. 33	0. 002	0. 29
oc	0. 069	0. 138	20. 32	- 0. 069	- 10. 16	0. 078	11. 49	- 0. 009	- 1. 33
sgx	0. 016	0. 009	1. 33	0. 007	1. 03	0. 007	1. 03	0. 009	1. 33
常数项	0. 218	0. 000	0. 00	0. 218	32. 11	0. 000	0. 00	0. 218	32. 11
合计	0. 679	0. 461	67. 89	0. 218	32. 11	0. 430	63. 33	0. 249	36. 67

表 5 – 16 2006 年民族县和非民族县可支配财力差距分解结果

变量	总差异	标准分解				反向分解			
	差异值	差异值	可解释部分	差异值	不可解释部分	可解释部分		差异值	不可解释部分
	E + C + CE	E	%	C + E	%	E + CE	%	C	%
trans	0.189	0.162	22.88	0.027	3.81	0.148	20.90	0.041	5.79
pop	0.101	0.079	11.16	0.022	3.11	0.082	11.58	0.019	2.68
gdp	0.156	0.149	21.05	0.007	0.99	0.140	19.77	0.016	2.26
city	0.012	0.025	3.53	-0.013	-1.84	0.009	1.27	0.003	0.42
pc	0.003	0.001	0.14	0.002	0.28	0.001	0.14	0.002	0.28
mc	0.021	0.009	1.27	0.012	1.69	0.007	0.99	0.014	1.98
oc	0.008	0.002	0.28	0.006	0.85	0.005	0.71	0.003	0.42
sgx	0.007	0.014	1.98	-0.007	-0.99	0.009	1.27	-0.002	-0.28
常数项	0.211	0.000	0.00	0.211	29.80	0.000	0.00	0.211	29.80
合计	0.708	0.441	62.29	0.267	37.71	0.401	56.64	0.307	43.36

表 5 – 17 2007 年民族县和非民族县可支配财力差距分解结果

变量	总差异	标准分解				反向分解			
	差异值	差异值	可解释部分	差异值	不可解释部分	可解释部分		差异值	不可解释部分
	E + C + CE	E	%	C + E	%	E + CE	%	C	%
trans	0.149	0.096	14.35	0.053	7.92	0.126	18.83	0.023	3.44
pop	0.062	0.124	18.54	-0.062	-9.27	0.208	31.09	-0.146	-21.82
gdp	0.171	0.065	9.72	0.106	15.84	0.090	13.45	0.081	12.11
pi	0.016	0.000	0.00	0.016	2.39	0.002	0.30	0.014	2.09
city	-0.017	0.002	0.30	-0.019	-2.84	0.029	4.33	-0.046	-6.88
pc	0.008	0.016	2.39	-0.008	-1.20	0.011	1.64	-0.003	-0.45
oc	0.005	0.199	29.75	-0.194	-29.00	0.113	16.89	-0.108	-16.14
sgx	0.011	0.005	0.75	0.006	0.90	0.008	1.20	0.003	0.45
常数项	0.264	0.000	0.00	0.264	39.46	0.000	0.00	0.264	39.46
合计	0.669	0.507	75.78	0.162	24.22	0.587	87.74	0.082	12.26

表5-18 2008年民族县和非民族县可支配财力差距分解结果

变量	总差异	标准分解					反向分解			
		差异值	可解释部分	差异值	不可解释部分	差异值	可解释部分	差异值	不可解释部分	
	$E+C+CE$	E	%	$C+E$	%	$E+CE$	%	C	%	
trans	0.112	0.108	17.28	0.004	0.64	0.089	14.24	0.023	3.68
pop	0.071	0.061	9.76	0.01	1.60	0.054	8.64	0.017	2.72
gdp	0.195	0.143	22.88	0.052	8.32	0.093	14.88	0.102	16.32
pi	-0.053	0.044	7.04	-0.097	-15.52	0.024	3.84	-0.077	-12.32
city	-0.003	-0.004	-0.64	0.001	0.16	-0.004	-0.64	0.001	0.16
pc	0.004	0.01	1.60	-0.006	-0.96	0.006	0.96	-0.002	-0.32
oc	0.055	0.029	4.64	0.026	4.16	0.052	8.32	0.003	0.48
sgx	0.037	0.025	4.00	0.012	1.92	0.016	2.56	0.021	3.36
常数项	0.207	0.000	0.00	0.207	33.12	0.000	0.00	0.207	33.12
合计	0.625	0.416	66.56	0.209	33.44	0.330	52.80	0.295	47.20

表5-19 2009年民族县和非民族县可支配财力差距分解结果

变量	总差异	标准分解					反向分解			
		差异值	可解释部分	差异值	不可解释部分	差异值	可解释部分	差异值	不可解释部分	
	$E+C+CE$	E	%	$C+E$	%	$E+CE$	%	C	%	
trans	0.144	0.103	15.12	0.041	6.02	0.124	18.21	0.020	2.94
pop	0.119	0.099	14.54	0.020	2.94	0.086	12.63	0.033	4.85
gdp	0.129	0.089	13.07	0.040	5.87	0.115	16.89	0.014	2.06
pi	0.021	0.017	2.50	0.004	0.59	0.014	2.06	0.007	1.03
pc	0.022	0.010	1.47	0.012	1.76	0.014	2.06	0.008	1.17
mc	0.009	0.024	3.52	-0.015	-2.20	0.015	2.20	-0.006	-0.88
oc	0.049	0.035	5.14	0.014	2.06	0.053	7.78	-0.004	-0.59
sgx	0.023	0.008	1.17	0.015	2.20	0.017	2.50	0.006	0.88
常数项	0.165	0.000	0.00	0.165	24.23	0.000	0.00	0.165	24.23
合计	0.681	0.385	56.53	0.296	43.47	0.438	64.32	0.243	35.68

2006 年，民族县和非民族县财力差距的条件均值差异为 0.708，非民族县比民族县人均财力高出 102.55%（即 $e^{0.708} - 1$）。其中，由组内个体特征因素引起的差异在 0.401—0.441，可解释民族县和非民族县财力差距的 56.64%—62.29%。净转移支付对财力差距的贡献在 20.90%—22.88%，人口和经济发展水平对财力差距的贡献分别在 11.16%—11.58% 和 19.77%—21.05%。由财入回报引起的系数差异在 0.267—0.307，占总财力差异的 37.71%—43.36%，这是不可解释的不合理部分。

2007 年，民族县和非民族县财力差距的条件均值差异为 0.669，非民族县比民族县人均财力高出 94.83%（即 $e^{0.669} - 1$）。其中，由组内个体特征因素引起的差异在 0.507—0.587，可解释民族县和非民族县财力差距的 75.78%—87.74%。净转移支付对财力差距的贡献在 14.35%—18.83%，人口和经济发展水平对财力差距的贡献分别在 18.54%—31.09% 和 9.72%—13.45%。由财入回报引起的系数差异在 0.082—0.162，占总财力差异的 12.26%—24.22%，这是不可解释的不合理部分。

2008 年，民族县和非民族县财力差距的条件均值差异为 0.625，非民族县比民族县人均财力高出 86.47%（即 $e^{0.625} - 1$）。其中，由组内个体特征因素引起的差异在 0.330—0.416，可解释民族县和非民族县财力差距的 52.80%—66.56%。净转移支付对财力差距的贡献在 14.24%—17.28%，人口和经济发展水平对财力差距的贡献分别在 8.64%—9.76% 和 14.88%—22.88%。由财入回报引起的系数差异在 0.209—0.295，占总财力差异的 33.44%—47.20%，这是不可解释的不合理部分。

2009 年，民族县和非民族县财力差距的条件均值差异为 0.681，非民族县比民族县人均财力高出 97.18%（即 $e^{0.681} - 1$）。其中，由组内个体特征因素引起的差异在 0.385—0.438，可解释民族县和非民族县财力差距的 56.53%—64.32%。净转移支付对财力差距的贡献在 15.12%—18.21%，人口和经济发展水平对财力差距的贡献分别在 12.63%—14.54% 和 13.07%—16.89%。由财入回报引起的系数差异在0.243—0.296，占总财力差异的35.68%—43.47%，这是不可解释的不合理部分。

为便于比较，现在把表5-5至表5-19的最后一行以及净转移支付的分解结果总结到表5-20中。从表中可以看出，2005—2009年，农业县与非农业县财力差距有56.40%—85.28%是合理的，14.72%—43.60%是不合理的，财力差距的不合理程度在2008年达到最高。其中，净转移支付对财力差距的合理贡献在12.80%—36.20%，不合理贡献在2.20%—20.09%。贫困县与非贫困县财力差距有52.61%—84.20%是合理的，有15.80%—47.39%是不合理的，财力差距不合理程度在2006年达到最高。其中，净转移支付对财力差距的合理贡献在10.59%—20.83%之间，不合理贡献在0.36%—19.77%。民族县与非民族县财力差距有52.80%—87.74%是合理的，12.26%—47.20%是不合理的，财力差距20.09不合理程度在2009年达到最高。其中，净转移支付对财力差距的合理贡献在14.24%—22.88%，不合理贡献在0.64%—7.92%。

表5-20　　　　　不同地区县级可支配财力差距分解结果

群组	年度	项目	标准分解		反向分解	
			可解释部分（%）	不可解释部分（%）	可解释部分（%）	不可解释部分（%）
农业县与非农业县	2005	县级可支配财力	77.70	22.30	83.22	16.78
		其中：净转移支付	26.27	20.09	36.20	10.15
	2006	县级可支配财力	68.52	31.48	59.20	41.58
		其中：净转移支付	19.95	2.20	13.21	9.72
农业县与非农业县	2007	县级可支配财力	76.20	23.80	63.55	36.45
		其中：净转移支付	16.87	7.23	13.86	10.24
	2008	县级可支配财力	60.37	39.63	56.40	43.60
		其中：净转移支付	12.80	5.03	14.79	3.05
	2009	县级可支配财力	85.28	14.72	62.64	37.36
		其中：净转移支付	22.45	6.04	16.98	11.51

续表

群组	年度	项目	标准分解		反向分解	
			可解释部分（%）	不可解释部分（%）	可解释部分（%）	不可解释部分（%）
贫困县与非贫困县	2005	县级可支配财力	62.61	37.39	59.73	40.27
		其中：净转移支付	15.74	6.60	12.01	10.32
	2006	县级可支配财力	52.61	47.39	64.98	35.02
		其中：净转移支付	10.59	9.93	16.61	3.91
	2007	县级可支配财力	70.92	29.08	84.20	15.80
		其中：净转移支付	14.54	6.64	20.83	0.36
	2008	县级可支配财力	81.55	18.45	56.95	43.05
		其中：净转移支付	14.79	19.77	18.89	15.67
	2009	县级可支配财力	80.32	19.68	73.86	26.14
		其中：净转移支付	13.80	7.78	16.59	4.99
民族县与非民族县	2005	县级可支配财力	67.89	32.11	63.33	36.67
		其中：净转移支付	15.76	3.39	17.38	1.77
	2006	县级可支配财力	62.29	37.71	56.64	43.36
		其中：净转移支付	22.88	3.81	20.90	5.79
	2007	县级可支配财力	75.78	24.22	87.74	12.26
		其中：净转移支付	14.35	7.92	18.83	3.44
	2008	县级可支配财力	66.56	33.44	52.80	47.20
		其中：净转移支付	17.28	0.64	14.24	3.68
	2009	县级可支配财力	56.53	43.47	64.32	35.68
		其中：净转移支付	15.12	6.02	18.21	2.94

本章小结

本章首先运用了基于回归的不平等分解方法中的 Fields - Yoo（2000）以及 Fields（2003）的方法对影响县级财力差距的因素进行静态分解和动态分解；其次，运用 Oaxaca - Blinder（1973）的经验分析方法,分析了以上因素对农业县和非农业县、民族县和非民族县以及贫困县和非贫困县可支配财力差距的贡献率,由此验证了假说6,主要分析结论如下:

(1) 在均值回归中,净转移支付是影响县级人均可支配财力的主要因素,显著提高了人均可支配财力水平。而省管县体制有利于县级获得更多的转移支付资金,从而有利于提高县级可支配财力水平。在分位数回归中,净转移支付对较高财力组(60%—80%)的影响大于低财力组的影响,说明了扩大净转移支付规模的最大受益者是较高财力组,而要想提高低财力组的财力水平,应该从优化转移支付结构、规范转移支付拨款程序、科学化转移支付分配方式等方面入手。

(2) 县级财力差距的静态分析结果表明,2005—2009年,净转移支付对财力差距的贡献最大,有23%以上的财力差距是因其导致的。人口和经济发展程度对财力差距的贡献排列第二、第三,贡献程度在10%—26%。省管县因素对财力差距的贡献较为突出,对财力差距的贡献率在3%—10%。

(3) 县级财力差距的动态分析结果表明,2005—2009年,净转移支付对财力差距的贡献最大,有30.51%的财力差距是因其导致的,经济发展程度和人口对财力差距的贡献排列第二、第三,贡献程度分别为18.79%和13.26%,省管县因素对财力差距的贡献位列第四,贡献率为5.43%。

(4) 农业县和非农业县的财力差距分解结果表明,2005—2009年,个体特征贡献的合理差距为56.40%—85.28%,而收入回报贡献的不合理差距为14.72%—43.60%。在合理差距中,净转移支付的贡献率在12.80%—36.20%;不合理差距中,净转移支付的贡献率在2.20%—20.09%。

(5) 贫困县与非贫困县财力差距的分解结果表明,2005—2009年,个体特征贡献的合理差距为52.61%—84.20%,而收入回报贡献的不合理差距为15.80%—47.39%。在合理差距中,净转移支付的贡献率在10.59%—20.83%;不合理差距中,净转移支付的贡献率在 0.36%—19.77%。

（6）民族县和非民族县财力差距的分解结果表明，2005—2009年，个体特征贡献的合理差距为 52.80%—87.74%，而收入回报贡献的不合理差距为 12.26%—47.20%。在合理差距中，净转移支付的贡献率在 14.24%—22.88%；不合理差距中，净转移支付的贡献率在 0.64%—7.92%。

第六章　转移支付对县级财力
收敛的影响分析

收敛理论被广泛运用于经济增长和收入分配的研究中，而对财政政策收敛性的研究也于近期开始丰富起来。财政政策的收敛性主要运用收敛理论和方法研究财政收入、财政支出和转移支付的增长率的变化情况。财力收敛性的分析方法与前面度量、分解财力差距的方法相比，不仅能够判断出财力差距究竟是趋于收敛还是发散，而且还能测算出在收敛情况下的收敛速度和半生命周期。本章将在前文对财力差距进行度量和分解的基础上利用收敛性分析方法，一方面就转移支付前后县级财力收敛性做出对比，讨论净转移支付对县级财力收敛性的影响；另一方面，测算并讨论各地区财力差距的俱乐部收敛情况、转移支付各项目对财力差距的收敛影响，从而验证假说7。

第一节　财力收敛的含义与基础模型

一　收敛的基本含义

以 Solow 模型为基础的新古典增长理论对地区间经济增长进行深入讨论，并试图回答"贫穷地区是否比富裕地区倾向于更快的增长"这一问题。他们认为，在资源能够充分流动的前提下，假设资本边际报酬递减，资本在工人平均资本较多的富裕地区的报酬率较少，因此，资本有着从富裕地区流向贫穷地区的动力；而工人为了追求更高的工资，则会倾向于向富国流动，这种资本和劳动的流动，会促使富裕地区和贫穷地区的资本存量趋同。同时，如果存在知识扩散的延滞，由于一些富裕地区使用更尖端的技术，地区间收入差距必然会出现，但是随着技术的普及，这种差距会随着贫穷地区也能够掌握尖端技术而缩小。基于以上理由，最终地区间的经济将收敛到其平衡增长路径。

Solow 模型中涉及了对税收收入增长率的分析，他认为，如果税收与国民收入的比重是恒定的话，税收收入如果全部用于消费，那么税收收入的增长率和财政支出的增长率将会和经济增长率保持一致，也就意味着在经济发生收敛的时候，税收收入也会收敛。[①] 然而，Solow 模型仅仅是把税收当作一个外生变量，而将财政支出内生化纳入到经济增长模型中考虑的先驱是 Barro。Barro（1990）的贡献不仅在于把财政支出作为内生变量引入到经济增长模型中，使得财政支出对经济增长的作用得以量化，而且还能通过财政支出作为衡量政府规模的一个指标进一步探讨最优政府规模问题。[②] 之后，财政对经济增长作用的研究视野愈加宽广，不仅在支出方面进行讨论，还涉及财政收入以及财政政策问题。

新古典增长理论把收敛（Convergence）分为 σ 收敛、β 收敛和俱乐部收敛三种类型。

（一）σ 收敛

σ 收敛以人均收入对数标准差作为收敛指数，若各地区人均收入对数标准差随着时间的推移而递减，即 $\sigma_{t+1} < \sigma_t$，则存在 σ 收敛。σ 收敛是针对产出存量水平的测算。

人均收入对数标准差用公式表达为：

$$\sigma_t = \sqrt{(1/n) \sum_{i=1}^{n} (\ln y_{i,t} - \mu)^2} \tag{6.1}$$

式（6.1）中：

①　Solow，R.，"A Contribution to the Theory of Economic Growth"，*The Quarterly Journal of Economy*，Vol. 70，No. 1，1956，pp. 65 – 94.

②　Barro，R.，"Government Spending in a Simple Model of Endogenous Growth"，*Journal of Political Economy*，Vol. 98，No. 5，1990，pp. 102 – 125.

$y_{i,t}$（$i=1, 2, \cdots, n$）是 i 地区在 t 时间点的人均收入，n 是地区样本数，μ 为样本均值。

（二）β 收敛

β 收敛是指初始经济水平低的地区比初始经济水平高的地区具有更高的人均增长率，因此在经过一段时间的发展后，贫穷地区的经济会赶上发达地区，从而出现以相同速度稳定发展的经济收敛状态。β 收敛是针对各地区产出增量而言的，其又可以进一步分为绝对收敛和条件收敛。绝对收敛是指在假定地区之间除初始资本水平不同以外，其他所面临的变量，如稳态人均产出、技术进步率、制度环境等都相同，此时各地区的经济将收敛到相同的长期均衡。

Barro 和 Sala–I–Martin（1995）在新古典模型的框架下，提出了经典的绝对收敛方程：

$$\frac{1}{T}\ln\frac{y_{i,t_o+T}}{y_{i,t_0}} = x_i^* + \frac{1-e^{\lambda T}}{T}\ln y_{i,t_0}^* - \frac{1-e^{\lambda T}}{T}\ln y_{i,t_0} + \mu_{i,t_o+T} \tag{6.2}$$

式（6.2）中：

$\frac{1}{T}\ln\frac{y_{i,t_o+T}}{y_{i,t_0}}$ 表示 i 地区在观察期 T 内的平均人均收入增长率，其中，t_0 为初期，t_0+T 为期末，观察时间长度为 T；x_i^* 表示稳态的人均收入增长率；y_{i,t_0}^* 表示稳态的人均收入；λ 为人均收入向稳态收入 y_{i,t_0}^* 的收敛速度，μ_{i,t_o+T} 为随机误差项。假设给定 λ，当初期的人均收入水平 y_{i,t_0} 小于稳态收入 y_{i,t_0}^* 时，T 时期内的年均收入增长率就会大于稳态增长率 x_i^*；而当初期的人均收入水平 y_{i,t_0} 大于稳态收入 y_{i,t_0}^* 时，T 时期内的年均人均增长率就会小于稳态增长率 x_i^*。这也就意味着，贫穷地区的人均收入增长率高于富裕地区，从而长期内地区差距将会呈现收敛趋势。

如果稳态值和时间趋势对所有样本地区 i 都相同，则 $\alpha = x_i^* + \frac{1-e^{\lambda T}}{T}\ln y_{i,t_0}^*$ 为一常数，令 $\beta = -\frac{1-e^{\lambda T}}{T}$，那么式（6.2）可以进一步简化为：

$$\frac{1}{T}\ln\frac{y_{i,t_o+T}}{y_{i,t_0}} = \alpha + \beta\ln y_{i,t_0} + \mu_{i,t_o+T} \tag{6.3}$$

式（6.3）给出了绝对收敛的基本模型，其中 β 为收敛系数，随着时间跨度的增大，收敛系数 $\beta = -\frac{1-e^{\lambda T}}{T}$ 越小，其对平均增长率的影响程度也递减并最终趋于 0；而当时间跨度接近于 0 时，则收敛系数 $\beta = -\frac{1-e^{\lambda T}}{T}$ 最大。因此，无论时间跨度多长，总能够估计出收敛系数的数值，当 $\beta < 0$ 时，则地区之间出现绝对收敛，即地区间的经济差距会逐渐缩小；当 $\beta > 0$ 时，则地区之间出现绝对发散，意味着地区间经济差距逐渐扩大。

根据 Mankiw、Romer 和 Weil（1992）提出的方法，由收敛系数 $\beta = -\frac{1-e^{\lambda T}}{T}$ 可以测算出收敛速度 $\theta = \frac{1}{T} - \ln(1+\beta T)$，从而可以进一步测算出半生命周期（half - life of convergence），半生命周期也就是指缩小落后地区和发达地区一半差距所需要的时间，可用 $\pi = -\frac{\ln(2)}{\ln(1+\beta)}$ 计算得到。

条件收敛是指以各地区面临的不同变量为条件，各地区收敛到各自均衡增长收入水平，也就是说，在考虑了各地区经济自身发展的特征后，在绝对收敛方程中加入相关控制变量，如果收敛系数 $\beta < 0$，则地区之间出现条件收敛，各地区经济发展都趋近于自身的稳态；如果收敛系数 $\beta > 0$ 时，则地区之间出现条件发散。条件收敛反映的一个客观事实是，各地区经济增长不但受初始收入水平的影响，还受到各地区人口、储蓄、制度等其他因素的制约。与绝对收敛相比，条件收敛的分析方法具有以下优点：第一，条件收敛承认各地区经济发展的初始条件不同，因此分析结果说明的是各地趋于自身稳态的收敛情况，而绝对收敛忽视了各地区经济发展的初始条件，其分析结果并不能够告诉我们究竟是收敛于同一个稳态还是各自地区不同的稳态。第二，条件收敛引入了更多的解释变量，因此能够进一步讨论引起地区收敛（或发散）的原因。第三，在绝对收敛不成立的情况下，并不意味着地区间收敛也不存在，因为还有可能存在条件收敛，即各地区虽然不能趋于同一稳态，但可能会趋近于自身稳态。

综上所述，我们可以看出，β 收敛是 σ 收敛的必要条件，这也就意味着，要想使各地区收入水平最终趋同，必须保证贫穷地区收入增长率高于富裕地区的收入增长率。

（三）俱乐部收敛

前面所述的 σ 收敛和 β 收敛都是针对全体样本的分析，而俱乐部收敛则是在整体样本收敛检验不显著的情况下，针对样本中具有某些同样特质的样本子集进行分析。其根据各地区结构特征（如制度、地理区域、市场开放程度等），把具有相同结构特征的地区划分为一个"俱乐部"，并假定"俱乐部"里的地区初始条件相同，考察一个"俱乐部"里的地区经济增长的收敛趋势。

二 财力收敛的基础模型

根据以上分析，我们可以把财力收敛定义为：在其他条件不变的假定下，初始财力低的地区具有较高的财力增长率，而初始财力高的地区财力增长率较低，则在观察期内，地区财力呈现出收敛的趋势。

本书根据经济增长收敛性的分析方法，把财力收敛分为 σ 收敛、β 绝对收敛、β 条件收敛和俱乐部收敛来考察。在回归分析中，为了使样本容量足够大，被解释变量采用自有财力和可支配财力的当期增长率$\left(\text{即 }\ln\frac{ofr_{i,t}}{ofr_{i,t-1}}\text{和}\ln\frac{dfr_{i,t}}{dfr_{i,t-1}}\right)$，而非 T 年的年均增长率；解释变量则使用滞后一期的自有财力和可支配财力（即 $\ln ofr_{i,t-1}$ 和 $\ln dfr_{i,t-1}$），因此可以得到估算财力绝对收敛的基础计量模型：

$$\ln\frac{ofr_{i,t}}{ofr_{i,t-1}} = \alpha_0 + \beta\ln ofr_{i,t-1} + \varepsilon_{i,t} \tag{6.4}$$

$$\ln\frac{dfr_{i,t}}{dfr_{i,t-1}} = \alpha_0 + \beta\ln dfr_{i,t-1} + \varepsilon_{i,t} \tag{6.5}$$

式（6.4）和式（6.5）中：

$\ln \dfrac{ofr_{i,t}}{ofr_{i,t-1}}$ 和 $\ln \dfrac{dfr_{i,t}}{dfr_{i,t-1}}$ 分别是县级人均自有财力和县级人均可支配财力的当期增长率，$\ln ofr_{i,t-1}$ 和 $\ln dfr_{i,t-1}$ 分别是滞后一期的人均自有财力和人均可支配财力的自然对数。如果 $\beta < 0$，则滞后一期的自有（可支配）财力与其当期增长率呈负相关，那么人均自有（可支配）财力呈现出绝对收敛趋势；当 $\beta > 0$ 时，则滞后一期的县级人均自有（可支配）财力与其当期增长率呈正相关，那么人均自有（可支配）财力绝对发散，地区间财力差距扩大。

在绝对 β 收敛模型中，考虑到第三章和第四章对不同县级类型的分类方法，可以进一步得到县级财力的俱乐部收敛。

由于转移支付增加了落后地区的财政收入，提高了可支配财力水平，如果转移支付均衡作用有效的话，那么会在一定程度上缩小县级可支配财力差距，促进县级可支配财力收敛。因此为考察转移支付对县级可支配财力收敛性的作用，引入转移支付作为模型的核心解释变量，用转移支付率 $trans$（净转移支付收入占可支配财力的比重）作为衡量各地取得转移支付水平的指标。再纳入其他控制变量，则可以得到条件收敛的基础计量模型：

$$\ln \frac{dfr_{i,t}}{dfr_{i,t-1}} = \alpha_0 + \beta_1 \ln dfr_{i,t-1} + \beta_2 trans_{i,t} + \beta_3 X_{i,t} + \varepsilon_{i,t} \qquad (6.6)$$

式（6.6）中：

$\ln \dfrac{dfr_{i,t}}{dfr_{i,t-1}}$ 是县级人均可支配财力的当期增长率，$\ln dfr_{i,t-1}$ 是滞后一期的人均可支配财力的自然对数，$trans_{i,t}$ 为当期的转移支付率，即净转移支付占可支配财力的比重，控制变量 X 包括了人均 GDP 增长率（$gdprate$）、人口增长率（$poprate$）、固定资产投资率（$fairate$）、第一产业占 GDP 的比重即产业结构（pi）。在实证分析中，先考虑回归系数 β_1，如果 $\beta_1 < 0$，则各地财力趋向于自身的均衡水平，出现条件收敛；反之，$\beta_1 > 0$ 则各地财力呈现条件发散趋势。如果当期转移支付率 $trans_{i,t}$ 是促进财力收敛的原因，则收敛系数 β 的估计值会变小（或者收敛系数 β 估计值的绝对值会变大）；

反之，如果当期转移支付率 $trans_{i,t}$ 并非财力收敛的原因，则收敛系数 β 的估计值会变大（或者收敛系数 β 估计值的绝对值会变小）。

数据来源和处理均与第三章和第四章的一样，这里不再赘述。

第二节　转移支付与县级财力收敛的实证检验

一　转移支付前后县级财力的 σ 收敛

根据前文对 σ 收敛的定义，采用人均财力对数的标准差作为衡量指标，计算得出 2005—2009 年县级自有财力和可支配财力的 σ 收敛的情况。

如图 6 - 1 所示，2005—2009 年县级人均自有财力和人均可支配财力的收敛趋势保持一致。2005—2007 年，人均自有财力和人均可支配财力呈现出收敛趋势，2007—2008 年，人均自有财力和人均可支配财力呈现出发散趋势，2008—2009 年，人均自有财力和人均可支配财力则呈现出收敛趋势，这与前面表 4 - 7 测度出来的基尼系

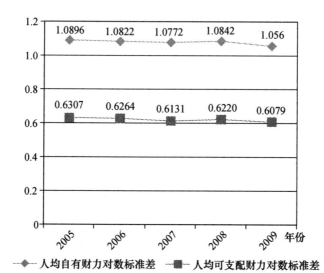

图 6 - 1　县级自有财力和可支配财力的 σ 收敛

数、泰尔指数的分析结果相吻合，因此，也进一步验证了对假说2实证分析的稳定性。然而，由于转移支付前后县级财力发散和收敛情况是一致的，因此，究竟是什么因素促使财力发散和收敛？是转移支付还是其他因素？这还有待下一步 β 收敛的实证检验。

二　转移支付前后县级财力的 β 绝对收敛和俱乐部收敛

表6-1反映了变量的描述性统计。根据前文界定，可支配财力由自有财力和净转移支付构成，那么，可以以人均自有财力表示转移支付前的财力情况，以人均可支配财力表示转移支付后的财力情况，而两种财力绝对收敛趋势的差异可以大致反映出经过拨款和上解调节后的净转移支付对财力收敛的影响。

表6-1　　　　　　　　　　变量的统计性描述

变量名	变量含义	均值	最大值	最小值	标准差
$dfrir$	可支配财力增长率	0.281	6.937	-0.765	0.341
$ofritr$	自有财力增长率	0.220	7.648	-0.794	0.312
$\ln df r_{t-1}$	可支配财力的自然对数	7.382	9.937	6.304	0.537
$\ln of r_{t-1}$	自有财力的自然对数	5.925	9.452	3.497	0.970

表6-2列出了采用 OLS 估计的人均自有财力和人均可支配财力 β 绝对收敛的实证结果，从中可以看到，初始人均自有财力和人均可支配财力均与其增长率显著负相关，并且人均可支配财力比人均自有财力的收敛速度要快，两者收敛速度分别为 0.311 和 0.273，半生命周期分别为 32.66 年和 49.16 年。这说明，县级财力在经过转移支付调节后，县级财力收敛速度有所加快，对应地，半生命周期缩短了 16.5 年。

表6-2　　　　自有财力和可支配财力的 β 绝对收敛检验结果

解释变量	$ofrir$ (OLS)	$dfrir$ (OLS)
$\ln of r_{t-1}$	-0.014*** (-2.82)	

续表

解释变量	*ofrir* （OLS）	*dfrir* （OLS）
ln*dfr*$_{t-1}$		- 0. 021 *** （ - 6. 55）
常数项	0. 417 *** （13. 71）	0. 490 *** （6. 59）
R^2	0. 0221	0. 0131
F 值	42. 93 ***	7. 93 ***
收敛速度	0. 273	0. 311
半生命周期	49. 16	32. 66

注：***、**、*分别表示在1%、5%、10%水平下显著。括号内为t检验值，下同。

进一步地，根据第四章不同类型县的划分方法，本书进行了各种地区的俱乐部收敛检验。表6-3列出了东中西部地区初始人均自有财力和可支配财力的俱乐部收敛检验结果，从中可以看出，东、中、西三个地区的县级人均自有财力和可支配财力与其增长率之间呈现出显著的负相关关系，表明三个地区的县级财力趋于收敛。从人均自有财力的收敛情况来看，中部地区收敛速度最高，半生命周期最短；东部地区次之；西部地区收敛速度稍慢，半生命周期最长。从人均可支配财力的收敛情况来看，中部地区收敛速度最高，半生命周期最短；西部地区次之；东部地区收敛速度稍慢，半生命周期最长。在经过转移支付调节以后，东中西部地区县级可支配财力的收敛速度都有所加快，其中，东西部地区转移支付对县级财力收敛的效果非常明显，收敛速度明显提高，收敛周期明显缩短；但是中部地区转移支付对县级财力收敛的效果却不大，收敛速度仅提高了0.011，收敛周期仅缩短2.22年。因此，我们可以得出结论，转移支付有效促进了东西部地区县级人均可支配财力收敛，但是对中部地区的县级人均可支配财力收敛效果并大。

表6－3　　东中西部自有财力和可支配财力的俱乐部收敛检验结果

解释变量	ofrir			dfrir		
	东部（OLS）	中部（OLS）	西部（OLS）	东部（OLS）	中部（OLS）	西部（OLS）
$\ln ofr_{t-1}$	－0.016** (－2.33)	－0.024*** (－4.08)	－0.015*** (－2.95)			
$\ln dfr_{t-1}$				－0.018*** (－5.30)	－0.026*** (－3.62)	－0.021*** (－2.91)
常数项	0.484*** (9.46)	0.526*** (6.72)	0.355*** (8.30)	0.346*** (6.22)	0.885*** (5.18)	0.711*** (5.41)
R^2	0.0219	0.0103	0.0104	0.0099	0.0106	0.0114
F 值	28.06***	16.68***	8.71***	5.41***	13.09***	8.47***
收敛速度	0.283	0.328	0.278	0.294	0.339	0.311
半生命周期	42.97	28.53	45.86	38.16	26.31	32.66

　　表6－4列出了农业县和非农业县初始人均自有财力和可支配财力的俱乐部收敛检验结果，从中可以看出，农业县和非农业县人均自有财力和可支配财力与其增长率之间呈现出显著的负相关关系，表明俱乐部内部的县级财力趋于收敛。其中，农业县无论是自有财力还是可支配财力的收敛速度均快于非农业县，半生命周期短于非农业县。在经过转移支付调节财力以后，农业县和非农业县的可支配财力收敛速度均有所提高，收敛周期有所缩短，其中农业县财力收敛速度从0.305提高至0.345，半生命周期从34.31年缩短至25.32年；非农业县财力收敛速度从0.267提高至0.283，半生命周期从52.97年缩短至42.97年。这表明，转移支付进一步促进了农业县和非农业县收敛速度的加快和周期的缩短。

表6-4   农业县和非农业县自有财力和可支配财力的
俱乐部收敛检验结果

解释变量	ofrir		dfrir	
	农业县（OLS）	非农业县（OLS）	农业县（OLS）	非农业县（OLS）
$\ln ofr_{t-1}$	-0.020*** (-3.85)	-0.013* (-1.87)		
$\ln dfr_{t-1}$			-0.027*** (-2.76)	-0.016*** (-4.27)
常数项	0.635*** (6.45)	0.346*** (10.70)	0.765*** (4.50)	0.431*** (5.19)
R^2	0.0102	0.0100	0.0131	0.0124
F值	14.79***	18.19***	7.60***	3.49*
收敛速度	0.305	0.267	0.345	0.283
半生命周期	34.31	52.97	25.32	42.97

表6-5列出了贫困县和非贫困县人均自有财力和可支配财力的
俱乐部收敛检验结果，从中可以看出，贫困县、中等收入县和富裕
县初始人均自有财力和可支配财力与其增长率之间呈现出显著的负
相关关系，表明俱乐部内部的县级财力趋于收敛，但是富裕县可支
配财力收敛系数并不显著。其中，贫困县无论是自有财力还是可支
配财力的收敛速度均快于中等收入县和富裕县，半生命周期短于中
等收入县和富裕县。在经过转移支付调节财力以后，贫困县的可支
配财力收敛速度有所加快，收敛速度从0.300提高至0.322，半生
命周期从36.13年缩短至29.79年；中等收入县的可支配财力收敛
速度有所加快，收敛速度从0.289提高至0.300，半生命周期从
40.43年缩短至36.13年，但富裕县的可支配财力收敛速度却有小
幅放缓，收敛速度从0.278下降至0.273，半生命周期从45.86年
延长至49.16年。这表明，转移支付有效促进了贫困县和中等收入
县的可支配财力收敛，但是对富裕县的可支配财力收敛的积极作用
并不显著。

表6-5　　　　　　　　贫困县和非贫困县自有财力和
可支配财力的俱乐部收敛检验结果

解释变量	ofrir			dfrir		
	贫困县 （OLS）	中等收入县 （OLS）	富裕县 （OLS）	贫困县 （OLS）	中等收入县 OLS）	富裕县 （OLS）
$\ln ofr_{t-1}$	-0.019*** （-3.56）	-0.017*** （-3.06）	-0.015*** （-5.58）			
$\ln dfr_{t-1}$				-0.023*** （-3.23）***	-0.019*** （-2.97）	-0.014 （-1.65）
常数项	0.449*** （7.17）	0.556*** （5.01）	0.427*** （11.22）	0.664 （5.79）	0.625*** （9.37）	0.430*** （4.57）
R^2	0.0110	0.0197	0.0098	0.0109	0.0201	0.0197
F 值	12.67***	11.95***	31.19***	10.43***	6.79***	2.71***
收敛速度	0.300	0.289	0.278	0.322	0.300	0.273
半生命周期	36.13	40.43	45.86	29.79	36.13	49.16

　　表6-6列出了民族县和非民族县初始人均自有财力和可支配财力的俱乐部收敛检验结果，从中可以看出，民族县和非民族县人均自有财力和可支配财力与其增长率之间呈现出显著的负相关关系，表明俱乐部内部的县级财力趋于收敛。其中，民族县无论是自有财力还是可支配财力的收敛速度均快于非民族县，半生命周期短于非民族县。在经过转移支付调节财力以后，民族县和非民族县的可支配财力收敛速度均有所加快，半生命周期缩短，其中，民族县收敛速度从0.289提高至0.345，半生命周期从40.43年缩短至25.32年；非民族县收敛速度从0.262提高至0.317，半生命周期从57.41年缩短至31.16年。这表明，转移支付有效提高了民族县和非民族县的可支配财力收敛速度，从而缩短了半生命周期。

表6-6　　　　民族县和非民族县自有财力和可支配
财力的俱乐部收敛检验结果

解释变量	ofrir		dfrir	
	民族县（OLS）	非民族县（OLS）	民族县（OLS）	非民族县（OLS）
$\ln ofr_{t-1}$	-0.017** (-2.20)	-0.012*** (-6.38)		
$\ln dfr_{t-1}$			-0.027* (-1.87)	-0.022*** (-3.68)
常数项	0.335*** (6.77)	0.461*** (11.85)	0.486*** (4.99)	0.681*** (6.07)
观测值	3335	6380	3335	6380
R^2	0.0105	0.0192	0.0104	0.0194
F 值	4.82**	40.72***	3.52*	13.58***
收敛速度	0.289	0.262	0.345	0.317
半生命周期	40.43	57.41	25.32	31.16

三　转移支付及其项目构成对县级财力的 β 条件收敛的影响

（一）净转移支付与县级可支配财力 β 条件收敛

根据式（6.6），我们分为两步进行 β 条件收敛的实证检验。模型Ⅰ中只考虑了转移支付率，而没有加入其他控制变量。模型Ⅱ的控制变量加入了 GDP 增长率（gdprate）、人口增长率（poprate）、固定资产投资率（fairate）、第一产业占比衡量的产业结构（pi）。在此过程中，我们重点观察收敛系数 β_1 和转移支付率 trans 回归系数 β_2 的变化情况。通过 Hausman 检验，模型均显著拒绝原假设，因此确定采用固定效应模型进行估计。

表6-7列出了可支配财力条件收敛的检验结果，从中可以看出，在逐渐加入控制变量以后，模型的拟合程度逐渐提高。模型Ⅰ和模型Ⅱ中，$\ln dfr_{t-1}$ 的系数在1%水平下均显著为负，说明县级人均可支配财力存在着条件收敛，即财力较低的县比财力较高的县有更高的增长率。在逐渐加入变量的过程中，两个模型的回归结果显示，核心变量净转移支付率 trans 的系数在1%的水平下一直显著为

正，说明转移支付率与人均可支配财力的增长率呈正方向变动。对比模型Ⅰ条件收敛和可支配财力绝对收敛的收敛系数，发现模型Ⅰ条件收敛系数要小于绝对收敛系数（或者说模型Ⅰ条件收敛系数的绝对值要大于绝对收敛系数的绝对值），收敛速度也从 0.311 提高至 0.334，半生命周期从 32.66 年缩短至 27.34 年。这意味着转移支付起到了促进县级财力收敛的作用。

为进一步检验模型Ⅰ实证结果的稳健性，在模型Ⅱ中加入 GDP 增长率（$gdprate$）、人口增长率（$poprate$）、固定资产投资率（$fairate$）、第一产业占比（pi）后，模型的解释能力大幅提升至 0.57，并且收敛速度也有了小幅提高，从 0.334 提高至 0.351，半生命周期从 27.34 年缩短至 24.41 年。这也就意味着加入的某些变量对财力收敛起到了积极作用。其中，GDP 增长率在 10% 的水平下显著为正，表明 GDP 增长对县级可支配财力的增长有较为显著的正作用，也就是说，GDP 增长率越高，则县级可支配财力的增长率越高，这与现实情况是吻合的。人口增长率在 1% 的水平下显著为负，表明人口增长速度越快，则人均可支配财力反而会降低，这也与现实逻辑相符合。而固定资产投资率和第一产业占比衡量的产业结构变量的符号一正一负，虽然与预期相吻合，但是并未通过系数的显著性检验，因此，其对可支配财力增长率的影响可以认为是不明显的。

表 6-7　　　　　　　　县级可支配财力条件收敛检验结果

解释变量	模型Ⅰ（FE）	模型Ⅱ（FE）
$\ln dfr_{t-1}$	-0.025 *** （-5.68）	-0.028 *** （-7.71）
$trans$	0.048 *** （4.27）	0.051 *** （6.08）
$gdprate$		0.076 * （1.80）
$poprate$		-0.165 *** （-3.59）

续表

解释变量	模型 I （FE）	模型 II （FE）
fairate		0.010
		（0.61）
pi		-0.013
		（-0.21）
常数项	0.449 ***	0.466 ***
	（5.38）	（5.48）
R²	0.1201	0.5736
F 值	15.92	22.53
Hausman test	46.79 ***	31.44 ***
收敛速度	0.334	0.351
半生命周期	27.34	24.41

（二）转移支付项目结构与县级财力 β 条件收敛

净转移支付由税收返还、一般性转移支付、专项转移支付三部分减去上解性支出得到，由于每种转移支付类型的结构、测算标准、管理方式等不同，可能会导致它们对县级财力收敛性的影响也不尽相同。接下来，我们在式（6.6）模型的基础上，建立如下实证模型，以分析转移支付四种项目对县级财力收敛性的影响。

$$\ln \frac{dfr_{i,t}}{dfr_{i,t-1}} = \alpha_0 + \beta_1 \ln dfr_{i,t-1} + \beta_2 rtp_{i,t} + \beta_3 gtp_{i,t} + \beta_4 etp_{i,t}$$
$$+ \beta_5 tps_{i,t} + \varepsilon_{i,t} \tag{6.7}$$

在模型Ⅲ、模型Ⅳ、模型Ⅴ、模型Ⅵ中，我们分别对税收返还占可支配财力的比重（*rtp*）、一般性转移支付占可支配财力的比重（*gtp*）、专项转移支付占可支配财力的比重（*etp*）以及上解性支出占可支配财力的比重（*tps*）进行条件收敛分析，模型Ⅶ则是纳入这四种结构后的条件收敛模型（见表6-8）。估计方法通过 Hausman 检验确定。

表6-8　　　　转移支付各结构与县级可支配财力收敛检验结果

解释变量	模型Ⅲ（FE）	模型Ⅳ（FE）	模型Ⅴ（FE）	模型Ⅵ（RE）	模型Ⅶ（FE）
$\ln dfr_{07}$	-0.020*** (-7.65)	-0.023*** (-6.76)	-0.021*** (-7.51)	-0.022*** (-5.77)	-0.024*** (-5.57)
rtp	-0.084*** (-5.38)				-0.776*** (-3.66)
gtp		0.069** (2.12)			0.071 (0.19)
etp			0.137 (0.85)		0.066 (1.53)
tps				-0.062*** (-6.36)	-0.263*** (-6.31)
常数项	0.507*** (6.77)	0.463*** (6.09)	0.424*** (5.47)	0.486*** (6.43)	0.472*** (5.64)
R^2	0.0414	0.0331	0.0208	0.0401	0.1917
F值	36.50	11.81	23.04	7.98	36.00
Hausman test	59.53***	45.62***	88.71***	4.09	78.25***
收敛速度	0.305	0.322	0.311	0.317	0.328
半生命周期	34.31	29.79	32.66	31.16	28.53

　　模型Ⅲ、模型Ⅳ、模型Ⅴ和模型Ⅵ分别控制了税收返还、一般性转移支付、专项转移支付和上解支出，县级人均可支配财力的收敛系数均显著为负，意味着县级可支配财力趋向于各自稳态收敛。在模型Ⅲ控制税收返还的情况下，回归系数 β_2 显著为负，表明税收返还对人均可支配财力增长率有显著负的作用。此时，收敛系数 β 的绝对值小于绝对收敛下县级可支配财力的收敛系数的绝对值，收敛速度也较绝对收敛的情况下降低了0.06，半生命周期延长了1.65年，表明税收返还并未起到均等化作用。在模型Ⅳ控制一般性转移支付的情况下，回归系数 β_3 显著为正，表明一般性转移支付对人均可支配财力增长率有显著正的作用。此时，收敛系数 β 的绝对值大于绝对收敛下县级可支配财力的收敛系数的绝对值，收敛速度也较绝对收敛的情况下提高了0.011，半生命周期缩短了2.87年，一般

性转移支付的均等性得以体现，但是均等化效果并不大。模型V控制了专项转移支付，回归系数 β_4 为正，但并未通过显著性检验，且收敛速度与绝对收敛时并没有发生明显变化，说明虽然专项转移支付有利于县级可支配财力增长率的提高，但是对财力增长和收敛并没有发挥明显作用。模型VI控制了上解支出，回归系数 β_5 显著为负，意味着上解支出对人均可支配财力的增长率有显著负的作用，收敛系数 β 变化不大，说明上解性支出的均衡性有限。

模型VII在全部纳入四种类型的转移支付后，收敛系数为 -0.024，可支配财力仍然呈现出收敛态势，收敛速度比人均可支配财力绝对收敛时要快，半生命周期相应也缩短了。税收返还和上解支出显著表现出不利于可支配财力增长率提高的作用；一般性转移支付和专项转移支付与可支配财力增长显著正相关，但回归系数均未通过显著性检验，进一步验证了转移支付缩小县级财力差距影响的效果并不显著。

本章小结

本章首先利用新古典增长理论中的收敛性分析，对县级自有财力和可支配财力收敛性进行了检验，在得出转移支付并没有促进县级可支配财力收敛的结论下，进一步分析了转移支付项目结构与县级财力收敛的关系，主要结论如下。

（1）σ收敛实证结果显示，县级自有财力和可支配财力存在σ收敛且收敛趋势一致，2005—2007年，人均自有财力和人均可支配财力呈现出收敛趋势，2007—2008年，人均自有财力和人均可支配财力呈现出发散趋势，2008—2009年，人均自有财力和人均可支配财力则呈现出收敛趋势。

（2）β绝对收敛实证结果显示，县级自有财力和可支配财力呈现出收敛态势，可支配财力的收敛速度高于自有财力的收敛速度，可以初步认为转移支付发挥了一定的均衡县级财力的作用。

（3）俱乐部收敛实证结果显示，在东中西部自有财力和可支配财力收敛性比较中，三大地区县级财力都表现出收敛趋势，且可支配财力的收敛速度快于自有财力的收敛速度，表明转移支付有效促进了东中西部地区县级人均财力收敛。在对农业县和非农业县自有财力和可支配财力收敛比较中，两类地区都呈现收敛趋势，且可支配财力的收敛速度快于自有财力的收敛速度，表明转移支付有效促进了农业县和非农业县人均财力收敛。在对贫困县、中等收入县和富裕县自有财力和可支配财力收敛比较中，三类地区都呈现收敛趋势，且可支配财力的收敛速度快于自有财力的收敛速度，但是，富裕县可支配财力的收敛系数并不显著，说明了转移支付有效促进了贫困县和中等收入县的财力收敛，但对富裕县的财力收敛的促进作用并未发挥。在对民族县和非民族县自有财力和可支配财力收敛比较中，两类地区都呈现收敛趋势，且可支配财力的收敛速度快于自有财力的收敛速度，表明转移支付有效促进了民族县和非民族县人均财力收敛。

（4）β 条件收敛实证结果显示，县级可支配财力呈现出 β 条件收敛态势，转移支付对县级可支配财力增长率有显著正的作用，此时的收敛速度比绝对收敛时要快，半生命周期缩短，表明转移支付发挥了一定的均等化作用。在同时对转移支付的四个部分进行条件收敛后发现，总体而言，税收返还和上解支出对可支配财力增长率有显著的负作用；一般性转移支付和专项转移支付对县级可支配财力的增长率为正方向变动，但效果并不显著。

第七章　主要结论与政策建议

第一节　主要结论

  财力是保证一级财政运转和政府职能履行的基本条件，县级政府是面向广大城乡居民供给地方公共品的生力军。理论上，转移支付具有弥补纵向财政不平衡和横向财政不平衡的作用。中国改革开放以来，各地区经济发展水平普遍提高，但是各地经济发展步伐不一致也带来了财力差距问题，那么，本应作为解决地区间横向财力不平衡主要工具的转移支付究竟有没有发挥均等化作用呢？本书聚焦2005—2009年中国基层县级财力差距问题，以县级转移支付和县级财力差距的关系作为研究对象，在进行概念界定和现状分析的基础上，提出转移支付和县级财力差距假说，采用不平等测算与分解方法、收敛性分析进行验证，分析了转移支付的横向均等性问题，重点讨论了转移支付对县级财力差距的影响，主要结论如下：

一　县级转移支付的"共性"与"个性"并存

  在概念界定的前提下，本书整理了县级转移支付制度的项目构成，主要包括税收返还与原体制补助、一般性转移支付、专项转移支付和上解性支出。各省的转移支付制度设计借鉴了中央对省的转移支付制度，因此可以总结出各省县级转移支付的"共性"。这些共性主要体现在：第一，县级转移支付都囊括了税收返还、一般性转移支付、专项转移支付和上解性支出四大类型；第二，县级转移支付的完善过程与中央对省级转移支付的完善过程是一致的；第三，制度设计上，转移支付向老少边穷地区倾斜。然而，由于省以下财政体制不尽相同，因此各省内部对县级的转移支付分配方式和拨付程序也千差万别，这也就决定了转移支付存在着"个性"，主要包括：第一，转移支付层次的不统一；第二，激励性转移支付的多样化；第三，部分地方开始省以下生态转移支付的尝试和探索。

二　转移支付是县级财力差距的主导因素

影响县级可支配财力的因素不仅包括区域地理位置、经济发展情况、人口规模等客观因素，还包括制度设计、政策倾斜等主观因素。本书首先以县级可支配财力为被解释变量，以净转移支付为核心解释变量，纳入 GDP、总人口、产业结构、省管县虚拟变量、城市区虚拟变量、贫困县虚拟变量、民族县虚拟变量和边远地区虚拟变量为控制变量，对 2005—2009 年的不变样本的截面数据和面板数据分别进行回归分析，结果显示转移支付是影响县级可支配财力的重要因素，获得净转移支付多的地区的人均可支配财力要略高于获得净转移支付少的地区；省管县体制下，县级可以通过获得更多转移支付的途径提高可支配财力。其次，对以上模型进行分位数回归，以考察转移支付对十等分财力组影响的差别。分析结果显示，转移支付对较高财力组财力的积极作用最大，而对低财力组财力的积极作用较小。这一结论隐含的政策含义是，扩大转移支付规模更利于较高财力组提高人均可支配财力，而低财力组财力提高作用则不够明显。因此，县级转移支付应该更注重于结构调整和优化、拨款程序的规范化以及分配方式的科学化等。

采取 Oaxaca – Blinder 基于回归的不平等分解法对影响县级可支配财力的各因素进行静态分解后发现，转移支付是县级财力差距贡献率最大的影响因素，其对县级可支配财力差距的贡献率除 2009 年略低，为 23.94% 外，其余年度均在 30% 以上；动态分解结果也进一步证实了转移支付是造成县级可支配财力差距的最大影响因素，约有 30.51% 的财力差距是因其造成的。

为探讨各因素对不同地区可支配财力差距的贡献率，沿用 Oaxaca – Blinder 提出的经验分析方法进行分解。分解结果表明，农业县和非农业县、贫困县与非贫困县以及民族县和非民族县的合理差距中，转移支付的贡献率在 10.59%—36.20%；不合理差距中，转移支付的贡献率在 0.36%—20.09%。

三 转移支付缩小了县级财力差距，发挥了一定的均等化作用

第一，转移支付在一定程度上平衡了三大区域的可支配财力。中国初次财力分配后的县级财力差距很大，主要表现在经济发达地区财政自给率明显高于落后地区财政自给率；东部地区聚集了全国 2/3 自有财力，中西部地区仅分别占 1/6；东部地区县级人均自有财力是西部地区的 2.94 倍，是中部地区的 3 倍。通过转移支付调节后，一般性转移支付和专项转移支付主要投向西部地区，而税收返还主要流向东部地区，上解性支出主要由东部地区提供，从而使东部地区的县级可支配财力占到全国之比下降为 50% 以下，西部地区比重提高至接近 30%。而中部地区在财力再分配过程中的地位是极为尴尬的，自有财力和西部地区基本是同一水平的，获得的转移支付却比西部地区少得多，导致其自有财力仅占全国的 25% 左右。

第二，转移支付后县级财力不平等指标均有所降低。通过对县级人均自有财力和人均可支配财力洛伦兹曲线、变异系数、基尼系数、泰尔指数等不平等指标的测算和对比可以发现，接受转移支付以后的县级人均可支配财力差距比人均自有财力差距要小，除 2008 年财力差距稍微有所提升以外，其余年份均呈现不断缩小趋势。

四 转移支付的项目结构不合理，不利于缩小县级财力差距

本书采用基尼系数分解法，对县级可支配财力的项目要素贡献率进行分析后，发现自有财力对可支配财力差距的贡献率逐年下降，2009 年贡献率降低至 49.58%，这也就意味着转移支付对可支配财力的贡献率不断上升，一半以上的可支配财力差距由其导致。其中，专项转移支付收入对可支配财力差距的贡献最大，一般性转移收入支付次之，税收返还贡献最小，而上解性支出对可支配财力差距的贡献为负，表明其有较小的均等化作用，但作用有限。这与转移支付的项目结构具有密切关系：2005—2009 年，专项转移支付一直呈现不断增加的趋势，2009 年专项转移支付占转移支付收入的比重达47.5%；一般性转移支付和税收返还逐年递减，2009 年分别降至43.3%和10.2%；上解性支出虽然主要来源于东部发达地区，但是上解比例有限，其对可支配财力差距的积极贡献也极为有限。

五　转移支付的分配方式不科学，不利于缩小县级财力差距

一般性转移支付中的因素法转移支付由于以客观因素测算标准财政收支，从而确定转移支付数额，因此常被认为最能体现转移支付的均等化效应，然而，分别以总人口和财政供养人口平均的因素法转移支付进行分解发现，以总人口平均的因素法转移支付对财力差距的贡献远远大于以财政供养人口平均的贡献率，且以财政供养人口平均的因素法转移支付对缩小财力差距具有积极作用。这反映了，一方面，以总人口平均的因素法转移支付并没有发挥积极作用；另一方面，因素法转移支付在进行因素选择时，更多的是考虑财政供养人口，而忽视了总人口，这与财政均等化的目标相背离。

进一步地，本书分析了各类型转移支付分配方式存在的缺陷，认为分配方式不科学也是造成转移支付对县级财力具有显著贡献率的另一因素。在一般性转移支付中，因素法转移支付实际上对因素的选择仍有较大遗漏或误区，而其他类型的一般性转移支付也有基数法分配的"影子"或者并没有与地方财力均衡挂钩；而测算数据不完整、项目库建设不完善、项目申请和拨付的主观性和专项配套等影响了专项转移支付的均衡效应，基数法测算的税收返还保护了地方的既得利益。

六　转移支付对各地区县级财力差距的影响具有显著特征

由于中国区域社会经济发展差异较大，为分析不同地区县级可支配财力的差距特征，本书根据全国县级区位、产业结构、经济和民族自治等性质，把县级样本划分为东中西部县、农业县和非农业县、贫困县和富裕县、民族县和非民族县等类型，并对以上地区进行财力构成要素分解的对比。结果表明，越是经济发达的地区，自有财力占可支配财力的比重越大，则自有财力对可支配财力差距的贡献越大；反之，越是经济落后的地区，转移支付对可支配财力差距的贡献则越大。在转移支付的各构成要素中，专项转移支付和一般性转移支付收入对可支配财力的贡献率位列第一、第二。上解性支出主要来自经济发达地区，因此，在各分组中的经济较发达地区表现出的缩小财力差距的积极贡献要强于经济落后地区。

七 转移支付后地区内部县级财力差距贡献率有所提高

在以上县级分类方法的基础上，采用泰尔指数分解法对各地区子集进行自有财力和可支配财力差距分解。结果显示，转移支付后，各地区可支配财力的地区间差距和地区内部差距的泰尔指数均比自有财力的地区间差距和地区内部差距有所缩小，然而，无论采取哪种分组方法，地区之间的差异对可支配财力差距的贡献率都较小，而大部分差距是地区内部差距带来的。造成这一现象的原因可能与中央转移支付政策在各省的延续性和各省财政体制以及转移支付制度方面存在差异有关。中央转移支付政策注重全国大区域的协调均衡，而地区内部或省内部的县级财力则由省级政府通过省以下转移支付进行均衡。有的省转移支付倾向于公平，不仅乐于把中央转移支付资金分配给地方，还集中省内资金用于平衡县级财力；然而，有的省则体现出均等化特征，不仅省以下转移支付倾向于维护各地既得利益，而且还截留中央资金。

八 转移支付在一定程度上促进了县级财力收敛

本书借鉴收敛性的分析方法，对县级自有财力和可支配财力进行了 σ 收敛、β 收敛和俱乐部收敛分析，在此基础上对转移支付项目与财力收敛的关系进行了实证检验。

第一，县级人均自有财力和人均可支配财力存在 σ 收敛，且收敛趋势一致，这与之前度量的不平等指标（变异系数、基尼系数、泰尔指数）的变化情况也是一致的，即 2005—2007 年，县级自有财力和可支配财力呈现收敛趋势，2007—2008 年呈现出发散趋势，2008—2009 年呈现出收敛趋势。

第二，县级人均自有财力和人均可支配财力呈现出 β 绝对收敛态势，可支配财力的收敛速度高于自有财力的收敛速度，可以初步认为转移支付发挥了一定的均衡县级财力的作用。

第三，在东中西部、农业县和非农业县、贫困县、中等收入县和富裕县以及民族县和非民族县人均自有财力和人均可支配财力收敛性比较中，县级财力都表现出收敛趋势，且可支配财力的收敛速度快于自有财力的收敛速度，表明转移支付有效促进了这些俱乐部县级人均可支配财力收敛。然而，富裕县可支配财力的收敛系数并不显著，表明转移支付对富裕县可支配财力收敛的促进作用并未有效发挥。

第四，县级人均可支配财力呈现出 β 条件收敛态势，转移支付对可支配财力增长率有显著正的作用，此时的收敛速度比绝对收敛时要快，半生命周期缩短，表明转移支付发挥了一定的均等化作用。在对转移支付的四个部分进行条件收敛后发现，总体而言，税收返还和上解支出对可支配财力增长率有显著的负作用，并且这一结果较为稳健；专项转移支付对县级可支配财力的增长率为正方向变动，但效果并不显著，这一结果也得到了稳健性检验。然而，在只控制一般性转移支付的情况下，一般性转移支付对可支配财力增长率起到了显著的正作用，但是在控制转移支付全部项目的回归结果中，一般性转移支付对可支配财力的增长率却呈现不显著的正作用。

第二节　政策建议

一　明确县级转移支付制度的政策目标取向

通过实证分析，本书发现，区域间和各地区内部的财力差距对县级财力差距的贡献力度最大，究其原因可能在于中央政策在各省的延续性以及各省转移支付制度的差异，这种差异主要体现在各省转移支付的目标取向上。要想发挥转移支付的均等性，缩小地区之间和地区内部财力差距，必须进一步明确中央和各省转移支付的政策目标取向，建立以财政公平为核心的转移支付制度。

转移支付作为财政的一项重要政策工具，履行着资源配置、收入分配和经济增长的职能，具体而言包括了第二章论述的弥补纵向财政不平衡、弥补横向财政不平衡、解决公共品外部性的功能。这些政策功能决定转移支付具有效率和公平的双重政策目标。效率目标要求转移支付能够充分发挥引导资源配置和调动地方积极性的作用，不断提高社会经济发展水平和地方财政努力程度。公平目标要求转移支付资金能够照顾经济落后、财政压力大、支出责任多的地区，尽可能使各地区财力能够保证基本公共服务均等化。联系目前各地经济发展和财力差距客观情况，进一步分析转移支付的目标和政策功能，本书发现，通过纠正纵向和横向财政不平衡，从而达到地区间财政平衡和基本公共服务均等化，实现社会公平，应该成为转移支付最为根本的目标，主要原因在于：

第一，目前中国地区间经济发展差距大，各地财政状况不同，人民享受到的公共服务质和量上差别都较大，因此，为缩小地区间财力差距，保证居民享受公共品的结果公平，应该把保证各地财政均衡的公平目标作为转移支付的政策目标取向。

第二，解决地方横向财政不平衡有利于弥补纵向财力不平衡。分税制体制下，上级政府给予县级政府转移支付主要是通过测算标准财政支出和标准财政收入来确定的。标准财政支出的测算主要是以基本公共服务作为依据，并衡量为提供这些基本公共服务所需支出和实际收入之间的差距来提供转移支付。由此可见，上级政府是通过保证基本公共服务供给水平、解决各地财力差距来发挥转移支付的均等化作用。

第三，解决公共品外部性有助于实现基本公共服务均等化。具有较强外部性的公共品（如退耕还林还草、天然林保护、义务教育等）一般是由上级政府提供全部或者部分资金，激励地方政府增加该项公共品供给。其实，这类公共品绝大部分都属于基本公共服务的范畴，因此，上级政府给予的这类补助虽然具有专款专用的性质，但实质上解决了财政困难地区的资金压力和外部性较强公共品的资金"瓶颈"问题，有利于基本公共服务均等化。

综上所述，在效率与公平的抉择中，转移支付公平目标不仅是当前国情决定的，还是转移支付的政策功能的核心体现。因此，转移支付的制度设计必须围绕这一目标展开，通过建立以切实衡量地方财政支出需求和收入能力为基础的科学合理的转移支付分配方式，提高一般性转移支付特别是均衡性转移支付比例，优化转移支付结构，充分发挥财政再分配作用，实现横向财政平衡和基本公共服务均等化。2015 年 1 月实施的新《预算法》第 16 条，可谓是转移支付公平目标的首次明确，是转移支付目标取向写进法律的一大举措。新《预算法》明确指出，财政转移支付应当规范、公平、公开，以推动地区间基本公共服务均等化为主要目标。

二　修改并完善转移支付分配方式

现行县级转移支付的分配方式包含基数法、因素法、项目法等，由于分配方式固有的缺陷，导致转移支付的均等性受到严重影响，因此，应该着重于修改转移支付的分配办法，建立科学合理的分配秩序。

（一）改革并逐步取消税收返还

具有激励性质的税收返还是分税制改革之初为不打击地方积极性、保护地方既得利益而设计的。这项转移支付运行 20 年来，不仅没有起到均衡地方财力的作用，而且还进一步加剧了地方财力不均等的局面，因此，为了财政均等化目标的实现，应该逐步取消税收返还。然而，由于取消税收返还可能会减少部分地区的财力，必然会面临着巨大阻力，因此应该采取循序渐进的方式。具体方法是，税收返还的数额逐年减低，把原先用于税收返还的资金用于进行均衡性转移支付，最终取消税收返还，而均衡性转移支付资金也得到一定程度的增长，从而能够缩小地区财力差距。

（二）把原体制补助归并于一般性转移支付

原体制补助的实质也是维护地方既得利益，且金额较小，无助于缩小财力差距，因此，可以把其并入到一般性转移支付中，按照均等化原则进行统筹安排使用。

（三）调整一般性转移支付项目，完善一般性转移支付分配方式

首先，根据一般性转移支付的性质，合并和调整一般性转移支付项目。建议把现有的一般性转移支付合并为均衡性转移支付和政

策性转移支付两类。均衡性转移支付包含现行的均衡性转移支付、调整工资转移支付、农村税费改革转移支付、其他一般性转移支付，采用因素法进行测算，主要用于直接增加县级可自由灵活使用的财力。政策性转移支付包括民族地区转移支付、缓解县乡财政困难转移支付、资源枯竭型转移支付，主要用于倾斜于某些特殊地区，如民族地区、缓解县乡财政困难取得成效的地区以及资源枯竭和生态建设任务重的地区。对于财力特别困难的地区，除了加大均衡性转移支付以外，还给予政策性转移支付的特别照顾。

其次，完善一般性转移支付分配方式。由于目前一般性转移支付主要用于保障基层政府运行、解决职工工资发放等方面，因此，采用财政供养人口作为测算因素。随着县域经济的发展，应该逐步回归到以总人口为测算因素的方法上来。具体而言，在支出需求测算上，可以借鉴加拿大的一般公式和特殊化相结合的方法。① 加拿大在三个人口稀少地区采用不同于其他地区的核算公式，既考虑到了这些地区与其他地区收入能力和支出责任的差异，也考虑到其特殊的支出需求。这种模式也正好与上一点提出来的把一般性转移支付合并为均衡性转移支付和政策性转移支付的思路相吻合。一般公式适用于所有地区，测算因素考虑到了成本和支出差异，包含总人口、面积、经济发展水平、人员经费、温度、海拔、运距、人均寿命等；特殊化适用于民族、贫困、边远等特殊地区，测算因素加入了民族系数、贫困系数、路况系数、艰苦边远系数等。在财政能力测算上，鉴于测量财政努力具有一定的困难，除了要按照各税种测算指标进行科学分析外，还应该把总人口（或常住人口）、人均收入水平、产业结构、地区房地产价格水平、城市化程度、生态保护等客观因素纳入考虑，全面反映当地经济社会的客观情况。由于中国目前地方政府非税收入数额依旧较大，且非税收入具有灵活性和临时性的特征，因此建议在测算地方财政努力的时候按照一定比例

---

① 谷成：《基于财政均等化的政府间转移支付制度设计》，《财贸经济》2010 年第 6 期。

对非税收入进行预测，并加总到财政能力中。在中国这种幅员辽阔、人口众多、区域差异大的国家，这种均衡与政策相结合、一般与特殊相结合的一般性转移支付模式显然优于全国"一刀切"的统一公式的做法，更能够体现对弱势地区的照顾和支持。

（四）规范、完善和创新专项转移支付分配方式

专项转移支付相对于一般性转移支付而言，分配方法复杂，目的性较强，能够体现上级政府的政策意图，也能够在一定程度上调动地方积极性。针对现行专项转移支付由于分配方式混乱、项目繁杂和配套资金设计不合理等因素而拉大县级财力差距的现象，应该从整合、规范专项转移支付入手。第一，根据专项转移支付的使用范围、性质和目的，清理、合并现有种类繁多的专项转移支付，既可避免"撒胡椒面"的小敲小打，又可集中资金做大事、做实事。第二，建立全面"自下而上"的统计数据库和项目库，增强专项转移支付"因素法"的科学性和规范性，避免转移支付的随意性和主观性。及时公开专项转移支付的适用范围、测算标准、拨款依据和因素权重，改变上下级财政在资金分配上的"暗箱博弈"现象，打破上级主管部门单独分配专项补助的做法，调动同级财政和下级政府共同参与专项转移支付资金分配的积极性，形成省级与下级双向的以及县级同级政府相互之间的监督机制。第三，取消县级政府提供配套资金的做法。2015年新《预算法》中也明确提出上级政府在安排专项转移支付时，不得要求下级政府承担配套资金。但是，对于国务院规定应当由上下级政府共同承担的事项，为了保证上下级政府的目标取向和行为方式的一致性，允许要求下级政府承担一定的配套资金，但是，配套资金应该实施差别化待遇。一般来说，配套资金的比例应该与项目的重要程度成正比，而与申请和实施地区的财力成反比。因此，对于财力困难地区，在保证项目顺利开展的前提下，应该减少配套资金或者取消配套资金，以缓解这些地区的财政压力，这实质上也就是给予财力较弱地区扶持。第四，各地区可以根据现实需求，创新专项转移支付的分配方式。例如，浙江省为了解决政法系统经费短缺，确保政法机关履行职能的必要经费，

在 2010 年开始实施"专项性一般转移支付改革"。专项性一般转移支付一方面具有专项转移支付的性质，具有明确的政策目标和使用范围；另一方面根据"因素法"进行核算，在明确大的使用方向的情况下，并不规定具体的使用项目，并由县市统筹安排使用，具有财力补助的特征。因此，专项性一般转移支付既利用了因素分配的政策性和导向性作用，体现了上级政府的政策意图，又发挥了地方的主观能动性，实现了"财政分配职能的回归"，有利于地方和部门集中财力办大事。专项性一般转移支付不仅在政法领域上起到了显著作用，还逐渐推广至教育、人口和计划生育等多个领域。

三　优化县级转移支付结构

根据实证分析的结果，本书认为，扩大转移支付规模并不一定有利于提高低收入县级财力组的收入水平，反而更有利于提高较高收入财力组的收入水平。同时，转移支付项目结构和区域结构不合理的问题，也是制约着其均等化功能发挥的一大重要问题，因此，应该着重于对现有县级转移支付结构的优化。优化县级转移支付结构主要包含两方面的含义：

（一）优化转移支付纵向结构

转移支付纵向结构是指转移支付资金分配到各级地方政府的比重。虽然本书研究的重点并非转移支付在各级政府间的分配情况，但是，在结构优化问题中不可避免地需要谈到这一问题。在中国五级政府中，县级政府面临的社会事务最为庞杂，而县域经济的不均衡发展使得财力和支出责任出现巨大差距，因此，以转移支付为重要工具的政府财力再分配就应该向县级财政倾斜。首先，加大中央直接对县转移支付力度，探索中央直接对县转移支付。目前，中央对下的大部分转移支付虽然在核算之时分省、地市和县分别进行[1]，但是在拨付时都经过省级财政二次分配，因此，"雁过拔毛"的现

---

[1]　如前文介绍的均衡性转移支付、民族地区转移支付县级基本财力保障机制，以及实施时间并不长的资源枯竭城市转移支付、国家重点生态功能区转移支付都分别测算省、市、县三级的相关指标。

象不可避免。为减少对县转移支付资金的流失，应该减少转移支付
的中间环节，加大中央对县的直接转移支付。其次，进一步优化省
以下转移支付结构。中央对县的转移支付关注的是整个国家的财力
均衡，而省以下转移支付更多的是关注省内的财力差距。经过测
算，县级财力主要是由省内差距过大贡献的，反映了省级财政对省
内县级财力差距的作用并未完全发挥。目前，省对县转移支付除延
伸中央对省的转移支付以外，还根据各省实际情况，利用各省自有
财力安排了省对县的转移支付。对于财力差距较大的省份，省级政
府可以在不挫伤发达地区积极性的前提下，集中增量财力，再按照
因素法科学测算县级支出需求和收入能力，根据财力缺口通过均衡
性转移支付进行省内财力再分配。对于财力差距较小的省份，建议
省级财政在制定完善的一系列对基层政府财政资金使用的约束措施
和考评措施的基础上，给予"放利"，把财政收入较多地留在来源
地县级财政，以便累计当地社会经济发展资金；建议取消省级主管
部门对农村的小额项目补助，将资金合并到一般性转移支付中，以
均衡性转移支付的形式拨付。这样做的好处一方面可以发挥基层政
府信息优势，提供适合本地居民的公共服务，从而有效提高资金的
使用效率；另一方面减少了基层政府为申请上级专项资金而投入的
大量人力、物力、财力。诚然，加大对县级转移支付力度必然会降
低省、市的财政资金，然而，"把钱还给基层去花"必然是优化纵
向转移支付结构的一个方向。

（二）优化转移支付横向结构

2013 年 10 月召开的党的十八届三中全会对进一步完善转移支
付的横向结构提出了以下规划："完善一般性转移支付增长机制，
重点增加对革命老区、民族地区、边疆地区、贫困地区的转移支
付。中央出台增支政策形成的地方财力缺口，原则上通过一般性转
移支付调节。清理、整合、规范专项转移支付项目，逐步取消竞争
性领域专项和地方资金配套，严格控制引导类、救济类、应急类专
项，对保留专项进行甄别，属地方事务的划入一般性转移支付。"
实际上，从这一论述中可以看出，转移支付的横向结构包括了转移

支付资金在同级县级财政的分配情况以及转移支付各种类占县级转移支付的比重这两层含义。首先，转移支付资金应该继续加强对中西部地区，特别是民族地区、贫困地区、农业县、边远地区的投入力度。由于总体而言中部地区的财政状况要优于西部地区，但是其贫困县、农业县和民族县的数量依旧较多，而且很容易被忽视，因此对中部省份贫困县、民族县和农业县的转移支付应该得到重视。其次，建立以一般性转移支付为主，专项转移支付为辅的县级转移支付结构体系。主要从以下几方面入手，一是逐步取消税收返还和原体制补助。如前所述，把用于税收返还的资金并入一般性转移支付。二是提高一般性转移支付比重，减少专项转移支付规模。一般性转移支付主要用于实现地区间财力均衡和基本公共服务均等化，专项转移支付主要用于体现上级政策意图、解决公共品外部性。需要指出的是，在一般性转移支付中，由于均衡性转移支付的测算方法最为科学，并且缩小地区财力差距的目的性最强，因此，需要提高均衡性转移支付的比重，促使其发挥均等化功能。

四　加强县级转移支付资金的绩效评价

除了对县级转移支付的规模、结构和分配方式进行合理、科学的改革以外，提高资金使用效率是县级转移支付规范化的必然要求。长期以来，县级转移支付特别是专项转移支付的使用效率不高，严重地影响了转移支付均等化功能的发挥，因此，为了提高转移支付的使用效果，应该对转移支付资金的使用情况进行全面的绩效评价。

首先，绩效评价的前提是要明确转移支付的目标，一般性转移支付的目标是缩小县级财力差距，因此，绩效评价以均衡性和公平性为导向，即是否缩小了县级财力差距，是否推动了基本公共服务均等化。不可否认，有的专项转移支付履行的是资源配置职能，体现效率原则，因此绩效评价应该以效率优先，即是否在成本既定的情况下获得最大的社会效益或经济效益，是否在效益既定的情况下使用了最少的成本。其次，对转移支付的资金拨付、使用、项目建设和管理等进行全方位的监督和评价。特别需要指出，对于专项转移支付，应该采取先有项目库，后有专项资金的流程，对项目库还应该继续实行滚动管理。最后，采用"奖帮"措施对绩效评价的不同结果进行有针对性的考核。对于绩效评价较好的地区，适当给予一定的奖励资金，但切记奖励资金应该有个合理限度，不能扭曲转移支付的均衡性。对于绩效考评不尽如人意的地区，采取帮扶措施，帮助该地区充分发挥转移支付资金的均等性，不断提高转移支付资金的使用效率。

五　科学界定地方合理财力差距

地区财力差距问题是一个公平问题，也是一个效率问题，更是公平与效率的权衡。合适的财力差距不仅能有效提高效率，还能达到经济公平和社会公平的理想状态。反之，财力差距过大则会损害公平和效率。因此，缩小地区财力差距并不意味着完全平均，而是在承认地区经济社会发展差距的前提下，确定的一个既能实现各地财政均等化目标，又能调动各地财政努力积极性的财力差距可接受范围。科学界定地方合理财力差距是转移支付发挥横向财政公平的前提，也就意味着，转移支付的作用范围是保证财力差距能够控制在这一合理差距区间。

在衡量不平等的各项指标中，由于基尼系数始终处于区间 [0，1] 之间，而其他指标并没有上限，因此，本书建议采用基尼系数作为地方财力合理差距的主要指标。在收入分配领域，国际公认的警戒线为0.4，划分标准是所谓的"黄金分割率"，因此，收入差距警戒线准确值应该为 0.382，而只是在实际中以 0.4 为标准更为简便。实际上，在很多社会现象中，都广泛存在着黄金分割率，不仅包括基尼系数警戒线的确定，还包括著名的"佃农"理论①等，都被认为是黄金分割率在社会分配中的体现。因此，本书认为，可以借鉴收入分配中基尼系数 0.382 这一警戒线作为衡量财力差距是否

---

① "佃农"理论认为，在人多地少而造成的劳动力充分供给约束条件下，耕地分租最符合收益最大化而又与竞争均衡没有冲突的分成率是 37.5%，这也基本接近黄金分割率。

合适的标准，一方面在技术上能够较为简便地计算出来，且符合大众对于合理差距的基本认识；另一方面也符合"黄金分割率"标准，同时，还符合美国政治哲学家罗尔斯（J. Rawls）提出的"有差异的平等原则"。具体而言，合理财力差距的区间见表7－1。

表7－1　　　　　　　　　　县级财力差距区间

区间	[0, 0.2)	[0.2, 0.3)	[0.3, 0.382)	[0.382, 0.5)	[0.5, 0.1]
判断结果	高度平均	相对平均	较为合理	差距偏大	差距悬殊

根据表3－7的测算结果，目前中国县级自有财力的基尼系数在0.5—0.6的区间内，表明自有财力差距悬殊，财政领域的初次分配更注重效率；县级可支配财力的基尼系数在0.382左右，表明可支配财力差距已经处于预警级别，即便是采用转移支付在一定程度上缩小了县级财力基尼系数，但是转移支付的均等化水平仍需要重视和加强。特别的是，由于本书仅把县级一般预算收入视为自有财力，而由于统计资料缺乏的原因没有涉及政府性基金、预算外资金等，如果把这部分资金纳入进行考虑的话，县级财力差距将远大于目前的测算值。因此，大力发展落后地区经济，提高落后地区财政能力，加强转移支付的均等性将有助于缩小县级财力差距。

与收入分配领域不同的是，财力分配有其特殊性。人与人之间的收入分配最终是为了满足私人需要，而财力分配最终则是提供公共品和公共服务以满足社会公共需要，而社会公共需要在一定时期内可能会上升到政治层面，因此，财力合理差距并非一成不变的。例如，在发生大型自然灾害或者战争的时期，中央政府会集中更多财力，并把这些财力主要投向灾区或者战区，而其他地区得到的转移支付自然也就少，那么此时，地区财力差距也就比平常时期要大，这也属于正常情况，待实际困难解决后，仍应按照0.382作为警戒线标准。

六　促进县域经济协调、均衡、特色发展

归根结底，经济发展程度直接影响到自有财力，因此，要想缩

小县级财力差距，尤其是自有财力差距，最为根本的途径就是大力发展县域经济，特别是落后地区的县域经济。党的十六大明确提出要"壮大县域经济"，县域经济的发展自然离不开国家政策的大力支持。在财政政策方面，继续研究和实行不同于城市经济的、促进县域经济发展的税收政策，尤其是在企业所得税方面应该对县域企业给予适当的照顾；继续推进和完善"省直管县"财政体制改革，财力分配尽量往县级政府倾斜，有条件的地区实行中央和省直接对县的转移支付，减少转移支付的中间环节有利于避免"雁过拔毛"的现象。在金融政策方面，不断深化农村金融体制改革，充分发挥农村信用合作社的优势，加大对县域经济的金融信贷力度；探索建立县域信贷平台和机制，解决县域企业担保难、贷款难的问题。在投资政策方面，加大对县级基础设施投入，特别是落后地区和区位优势并不明显的地区，更需要上级政府给予基础设施建设支持，化解硬件建设的资金"瓶颈"问题。在产业政策方面，鉴于地域广阔，各地资源分布极不平衡，各地拥有经济发展的基本条件千差万别，不可能走统一的发展模式，因此应该鼓励发展各具特色，具有比较优势的县域经济。各具特色的县域经济要求把各地资源特色与市场需求结合起来，找准资源开发利用和市场需求及定位的有机结合点，通过资源特色产业加快县域经济发展。

第三节　进一步的研究方向

一　广义财力差距的研究

由于受到统计资料的限制，本书仅分析了转移支付与县级一般预算收入的关系，而没有涉及政府基金收入、国有资本经营收入以及预算外收入。本书虽然继续延伸了县级财力差距研究时段，但是还需要通过搜集资料、实地调研等方式深入研究县级广义财力差距。

按照现有的研究成果，总体而言，如果测算大口径的地方政府收入，中国地方政府的财力并不匮乏（平新乔，2007；汤林闽，2012）。但是，如果分区域讨论的话，地区间大口径政府收入差距应该比一般预算收入差距还要大，如政府性基金中最大的一部分——土地出让金在经济发达地区明显高于落后地区，而国有资本在发达地区也能够追逐到较落后地区更多的利润，因此，研究广义财力差距更能够真实反映中国地方政府财政境况，在此基础上也更能够有针对性地进一步完善转移支付制度。

二 转移支付对县级财力差距的空间效应研究

本书对转移支付与县级财力差距的研究暗含着每个县被当作一个独立的样本进行分析，忽视了地区间财政行为的互动性，因此没有涉及不同地区间的空间溢出效应研究。根据新地理经济学理论并结合实际情况，一个地区财政行为往往会波及影响到某一范围内其他地区的财政行为，可能会形成地区间的模仿效应或者竞争效应。因此，未来的研究将会采用空间计量经济学，估计转移支付这种财政工具与财力的收敛状态，反映财力的路径依赖机制和地区间财力的相互依赖性。

三 转移支付对财力缺口的影响研究

本书侧重于对县级财政收入进行分析，探讨转移支付对县级可支配财力的影响。然而，科学测算转移支付，发挥转移支付的均等化效应，不仅需要研究转移支付对地区财力差距的影响，还要研究转移支付对地区公共服务供给的影响，更要研究转移支付对各地由收支差异带来的财力缺口的影响。一般而言，转移支付既要照顾财力困难地区，还要照顾那些地方财政缺口较大的地区。现实中，有的地区可能经济并不落后，但是由于承担的支出责任很大，则可能会出现财力缺口大于落后地区的现象。因此，下一步研究的重点将把财政收入能力和财政支出需求相结合，研究转移支付是否有利于缩小相同财政收入努力程度下不同地方公共品供给成本差异造成的财政缺口。这也就意味着，研究的对象扩大至了财力缺口，财力缺口一方面需要考虑地方获得财政收入的努力程度，另一方面也考虑各地由于地理、自然、人口等因素带来的公共品供给成本差异。

本章小结

　　本章归纳了转移支付对县级财力差距影响的主要结论，并从明确县级转移支付的政策目标取向、修改并完善转移支付分配方式、优化县级转移支付结构、加强县级转移支付资金的绩效评价、科学界定地方合理财力差距以及促进县域经济协调、均衡和特色发展六个方面对提高转移支付均等化效果，缩小县级财力差距提出了政策建议，并对未来的研究方向进行展望。

附 录

各年度净转移支付收入的计算

本书研究的时限是 2005—2009 年，由于各年转移支付项目有调整，因此，可支配财力中净转移支付收入的计算也不尽相同。另外，2007 年进行的财政收支分类改革，也涉及转移支付的科目调整，根据财政部预算司编写的《政府收支分类改革问题解答》调整相关科目，并根据财政部 2005—2009 年《中国财政基本情况》及《全国地市县财政统计资料》的统计口径，各年度净转移支付的定义和计算具体如下。

2005 年净转移支付收入 = 税收返还（消费税和增值税税收返还补助 + 所得税基数返还补助）+ 财力性转移支付（原体制补助 + 一般性转移支付补助 + 增加工资补助 + 民族地区转移支付 + 农村税费改革转移支付 + 中小学教师工资转移支付补助 + 取消农业特产税降低农业税率转移支付补助 + 缓解县乡财政困难转移支付补助 + 省补助计划单列市）+ 专项转移支付（专项转移支付 + 增发国债补助）− 上解性支出（专项上解 − 单列市上解省 − 原体制上解）。

2006 年净转移支付收入 = 税收返还（消费税和增值税税收返还补助 + 所得税基数返还补助）+ 财力性转移支付（原体制补助 + 一般性转移支付 + 民族地区转移支付 + 调整工资转移支付 + 农村税费改革转移支付补助 + 中小学教师工资转移支付补助 + 取消农业特产税降低农业税率转移支付补助 + 缓解县乡财政困难转移支付补助 +

农村义务教育补助 + 省补助计划单列市） + 专项转移支付（专项转移支付 + 增发国债补助） – 上解性支出（专项上解 – 单列市上解省 – 原体制上解）。

2007 年净转移支付收入 = 税收返还（消费税和增值税税收返还补助 + 所得税基数返还补助） + 财力性转移支付（原体制补助 + 一般性转移支付补助 + 民族地区转移支付 + 调整工资转移支付 + 农村义务教育补助 + 农村税费改革转移支付补助 + 缓解县乡财政困难补助 + 其他财力性转移支付 + 省补助计划单列市收入） + 专项转移支付 – 上解性支出（体制上解 – 出口退税专项上解 – 专项上解 – 计划单列市上解省）。

2008 年净转移支付收入 = 税收返还（消费税和增值税税收返还补助 + 所得税基数返还补助） + 财力性转移支付（原体制补助 + 一般性转移支付补助 + 民族地区转移支付 + 调整工资转移支付 + 农村义务教育补助 + 农村税费改革转移支付补助 + 资源枯竭城市财力性转移支付） + 专项转移支付 – 上解性支出（体制上解 – 出口退税专项上解 – 专项上解 – 计划单列市上解省）。

2009 年净转移支付收入 = 税收返还（消费税和增值税税收返还补助 + 所得税基数返还补助 + 成品油税费改革转移支付） + 一般性转移支付（原体制补助 + 均衡性转移支付补助 + 民族地区转移支付 + 调整工资转移支付 + 农村义务教育补助 + 农村税费改革转移支付补助 + 资源枯竭城市财力性转移支付 + 县级基本财力保障机制奖补资金 + 村级公益事业一事一议奖励资金 + 一般公共服务转移支付） + 专项转移支付 – 上解性支出（体制上解 – 出口退税专项上解 – 专项上解 – 计划单列市上解省）。

参考文献

中文参考文献

[1] 安体富、任强：《公共服务均等化：理论、问题与对策》，《财贸经济》2007年第8期。

[2] 蔡方、孙文祥：《政府间财力分配：计量模式与优化思路》，《财政研究》2004年第1期。

[3] 蔡昉、都阳：《中国地区经济增长的趋同与差异——对西部大开发战略的启示》，《经济研究》2000年第10期。

[4] 陈思霞、卢胜峰：《"省直管县"弱化了资源的城市偏向性配置吗？——财政转移支付视角》，《上海财经大学学报》2014年第1期。

[5] 陈志武：《代议制与市场：划分四类国家——收入机会的政治经济学》，《经济观察报》2006年1月2日第41版。

[6] 段国旭：《省以下财政体制导向研究——基于经济资源合理配置与流动视角》，《财贸经济》2009年第6期。

[7] 冯俏彬：《从政府层级改革中探求政府治理模式的根本改变》，《财政研究》2004年第7期。

[8] 付文林：《均等化转移支付与地方财政行为激励初探》，《财贸经济》2010年第11期。

[9] 谷成：《基于财政均等化的政府间转移支付制度设计》，《财贸经济》2010年第6期。

[10] 顾佳峰：《中国基础教育财政收敛性实证研究——基于空间计量视角》，《教育与经济》2008年第4期。

[11] 胡德仁、刘亮：《中国地区间财力差异的变化趋势及因素分

解》，《探索》2007 年第 1 期。

[12] 胡德仁：《中国地区间财政均等化问题研究》，人民出版社 2011 年第 1 版。

[13] 霍克、丁伟：《我国地方财政收支收敛性检验与实证分析》，《财政研究》2005 年第 9 期。

[14] 贾俊雪、高立、秦聪：《政府间财政转移支付、激励效应与地方税收收入体系》，《经济理论与经济管理》2012 年第 6 期。

[15] 贾俊雪、郭庆旺、宁静：《财政分权、政府治理结构与县级财政解困》，《管理世界》2011 年第 1 期。

[16] 贾康、梁季：《中央地方财力分配关系的体制逻辑与表象辨析——客观存在的地区间"横向不均衡"，需要合理的中央、地方间"纵向不均衡"机制加以调节》，《财政研究》2011 年第 1 期。

[17] 贾康、白景明：《县乡财政解困与财政体制创新》，《经济研究》2002 年第 2 期。

[18] 贾康、阎坤：《完善省以下财政体制改革的中长期思考》，《管理世界》2005 年第 8 期。

[19] 贾晓俊、岳希明：《我国均衡性转移支付资金分配机制研究》，《经济研究》2012 年第 1 期。

[20] 江庆、李光龙：《分税制、转移支付与县域财政差距——基于安徽省个案的研究》，《财贸研究》2010 年第 4 期。

[21] 江庆：《省际间财力差距的地区分解和结构分解》，《统计研究》2009 年第 6 期。

[22] 江孝感、魏峰、蒋尚华：《我国财政转移支付的适度规模控制》，《管理世界》1999 年第 3 期。

[23] 江依妮、张光：《中国县（市）财政转移支付影响因素的实证分析——以江西省为例》，《地方财政研究》2007 年第 2 期。

[24] 姜长云：《县乡财政困难及其对财政支农能力的影响》，《管理世界》2004 年第 7 期。

[25] 解垩：《我国财政政策收敛的空间计量经济分析》，《社会科学战线》2008 年第 7 期。

[26] 课题组：《财政均衡制度的起源和概述》，《决策与信息》2006 年第 6 期。

[27] 课题组：《基于基层财政视角的地方政府间财政关系研究》，《经济研究参考》2008 年第 64 期。

[28] 李佳明、李佳：《进一步发挥转移支付制度的财力均等化效应》，《财政研究》2007 年第 9 期。

[29] 李建军、谢欣：《地方财政健康与财政分权——基于湖北省县级数据的实证研究》，《当代财经》2011 年第 7 期。

[30] 李萍：《财政体制简明图解》，中国财政经济出版社 2010 年第 1 版。

[31] 李齐云、刘小勇：《分税制、转移支付与地区财政差距研究》，《财贸经济》2009 年第 12 期。

[32] 李文星、蒋瑛：《地方政府财政能力的理论建构》，《南开经济研究》2002 年第 2 期。

[33] 李祥云、徐淑丽：《我国政府间转移支付制度的平衡效应——基于 2000—2010 年省际面板数据的实证分析》，《中南财经政法大学学报》2012 年第 4 期。

[34] 李学军、刘尚希：《地方政府财政能力研究——以新疆维吾尔自治区为例》，中国财政经济出版社 2007 年第 1 版。

[35] 林毅夫、刘培林：《中国的经济发展战略与地区收入差距》，《经济研究》2003 年第 3 期。

[36] 刘波、崔鹏鹏：《省级政府公共服务供给能力评价》，《西安交通大学学报》2010 年第 4 期。

[37] 刘寒波、龚莉、夏一丹：《中国县域财政能力差距分析》，《财政研究》2006 年第 5 期。

[38] 刘京焕、李景友、陈志勇：《财政学》，中国人民大学出版社 2011 年第 1 版。

[39] 刘亮：《既得利益、均等化与政府间财政转移支付影响因

素——基于河北省的实证分析》，《软科学》2011 年第 3 期。

[40] 刘亮：《中国地区间财力差异的度量及分解》，《经济体制改革》2006 年第 2 期。

[41] 刘强：《中国经济增长的收敛性分析》，《经济研究》2001 年第 6 期。

[42] 刘溶沧、焦国华：《地区间财政能力差异与转移支付制度创新》，《财贸经济》2002 年第 6 期。

[43] 刘尚希：《怎样看待当前的财政体制》，《财政监督》2012 年第 15 期。

[44] 刘小勇、丁焕峰：《区域公共卫生服务收敛性研究——基于动态空间面板模型的实证分析》，《经济评论》2011 年第 4 期。

[45] 卢洪友、陈思霞：《谁从增加的财政转移支付中受益——基于中国县级数据的实证分析》，《财贸经济》2012 年第 4 期。

[46] 卢洪友、贾智莲：《中国地方政府财政能力的检验与评价——基于因子分析法的省际数据比较》，《财经问题研究》2009 年第 5 期。

[47] 芦惠、欧向军等：《中国区域经济差异与极化的时空分析》，《经济地理》2013 年第 6 期。

[48] 马恩涛：《我国政府间财政能力及其均衡制度研究》，《财贸研究》2007 年第 1 期。

[49] 马海涛：《财政转移支付制度》，中国财政经济出版社 2004 年第 1 版。

[50] 马栓友、于红霞：《转移支付与地区经济收敛》，《经济研究》2003 年第 3 期。

[51] 孟翠莲、胡德仁：《地区间财政能力差异及财政转移支付政策的目标定位——基于地区间公共支出成本差异的视角》，《经济研究参考》2010 年第 31 期。

[52] 白志平、胡德仁：《中国地区间财力差异适度性模型及应用》，《财政研究》2009 年第 8 期。

[53] 欧阳华生：《我国分税制的评述：基于地方财力实证分析的结

论》,《财贸经济》2007年第5期。

[54] 潘文卿:《中国区域经济差异与收敛》,《中国社会科学》2010年第1期。

[55] 平新乔:《财政原理与比较财政制度》,上海人民出版社、上海三联书店1995年第1版。

[56] 平新乔:《中国地方政府支出规模的膨胀趋势》,《经济社会体制比较》2007年第1期。

[57] 乔宝云、王道树:《中国税收收入区域差异的实证分析》,《涉外税务》2004年第12期。

[58] 佘国信、陈秋华:《地区间财力差异的区间理论》,《财政研究》1999年第2期。

[59] 沈坤荣、马俊:《中国经济增长的"俱乐部收敛"特征及其成因研究》,《经济研究》2002年第11期。

[60] 孙群力:《地方政府规模及其收敛性研究》,湖北人民出版社2007年第1版。

[61] 谭建立:《关于我国县乡财政困难问题的认识与建议》,《财政研究》2006年第2期。

[62] 汤林闽:《有余还是不足?对地方政府财力的再讨论——兼谈"十二五"时期财政体制改革的深化》,《云南财经大学学报》2012年第3期。

[63] 陶勇:《政府间财力分配与中国地方财政能力的差异》,《税务研究》2010年第4期。

[64] 田发、周琛影:《地方政府间财力分配的均等化水平考量》,《经济体制改革》2009年第6期。

[65] 田发:《财政转移支付的横向财力均等化效应》,《当代财经》2010年第4期。

[66] 万广华:《经济发展与收入不均等:方法和证据》,上海三联书店、上海人民出版社2006年第1版。

[67] 王爱君:《省以下转移支付制度探讨》,《中央财经大学学报》2011年第4期。

［68］王朝才、冷永生、王彦荣：《县市政府财力自主性与转移支付制度》，《经济与管理研究》2008 年第 12 期。

［69］王敏：《县级财政收支分析》，武汉大学出版社 2007 年第 1 版。

［70］王绍光、胡鞍钢：《中国国家能力报告》，辽宁人民出版社 1993 年第 1 版。

［71］王雍君：《地方政府财政自给能力的比较分析》，《中央财经大学学报》2000 年第 5 期。

［72］王雍君：《中国的财政均等化与转移支付体制改革》，《中央财经大学学报》2006 年第 9 期。

［73］王志刚：《质疑中国经济增长的条件性收敛》，《管理世界》2004 年第 3 期。

［74］吴湘玲、邓晓婴：《我国地方政府财政能力的地区非均衡性分析》，《统计与决策》2006 年第 16 期。

［75］项中新：《中国地区间财力差异及其调节的对策建议》，《中国软科学》1999 年第 1 期。

［76］辛波：《从有效政府的角度看我国对税收负担率的合理选择》，《管理世界》2005 年第 12 期。

［77］徐博：《关于分税制下税收返还问题的思考》，《财政研究》2010 年第 4 期。

［78］闫泽滢、李光龙：《中国税收立法权划分对政府间纵向财力的影响》，《经济体制改革》2009 年第 6 期。

［79］杨志勇：《1978 年以来我国地方政府可支配财力变化研究》，《经济纵横》2008 年第 6 期。

［80］尹恒、康琳琳、王丽娟：《政府间转移支付的财力均等化效应——基于中国县级数据的研究》，《管理世界》2007 年第 1 期。

［81］尹恒、王文斌、沈拓斌：《中国县级地区财力差距及其影响因素研究》，《北京师范大学学报》2010 年第 6 期。

［82］尹恒、朱虹：《中国县级地区财力缺口与转移支付的均等性》，

《管理世界》2009 年第 4 期。

[83] 尹恒、王丽娟、康琳琳：《中国县级政府间财力差距：1993—2003 年》，《统计研究》2007 年第 11 期。

[84] 于淑俐、唐晓波：《我国省际政府间财政能力的差异》，《山东工商学院学报》2004 年第 10 期。

[85] 曾军平：《政府间转移支付制度的财政平衡效应研究》，《经济研究》2000 年第 6 期。

[86] 张恒龙、秦鹏亮：《政府间转移支付与省际经济收敛》，《上海经济研究》2011 年第 8 期。

[87] 赵颖：《转移支付与县域财力的分化》，《经济评论》2012 年第 5 期。

[88] 谢旭人：《国务院关于县级基本财力保障机制运行情况的报告》，http：//www. npc. gov. cn/huiyi/ztbg/gwygyxjjbclbzgzqkbg/2012 – 08/30/content_ 1735734. htm。

[89] 钟晓敏、叶宁：《中国地方财政体制改革研究》，中国财政经济出版社 2010 年第 1 版。

[90] 钟晓敏：《政府间财政转移支付论》，立信会计出版社 1998 年第 1 版。

[91] 周美多、颜学勇：《专项转移支付的政治意蕴——基于中部某县的个案研究》，《武汉大学学报》（哲学社会科学版）2009 年第 6 期。

[92] 周美多、颜学勇：《转移支付类型对省内县际间财力不均等的贡献——按收入来源进行的基尼系数分解》，《山西财经大学学报》2010 年第 2 期。

[93] 周美多：《省内转移支付的均等化效应：省级差别和原因》，上海人民出版社 2011 年版。

[94] 张侠、刘小川：《完善我国转移支付制度研究——基于公共服务均等化的视角》，《现代管理科学》2015 年第 2 期。

外文参考文献

[1] Shah. ,"A Fiscal Need Approach to Equalization", *Canadian Pub-*

lic Policy, Vol. 22, No. 2, 1996, pp. 99 – 115.

[2] Annala, C. and Perez, S., "Convergence of Public Capital Invest-
ment among the United States, 1977 – 1996", *Public Fianace and
Management*, Vol. 1, No. 2, 2001, pp. 214 – 229.

[3] Annala, C., "Have States and Local Fiscal Policies Become More A-
like? Evidence of Beta Convergence among Fiscal Policy Variables",
Public Finance Review, Vol. 31, No. 2, 2003, pp. 144 – 165.

[4] Antony Brown, "Technical Assistance to Rural Communities: Stop-
gap or Capacity Building", *Public Administration Review*, Vol. 40,
No. 3, 1980, p. 121.

[5] Barro, R. J., and Sala – I – Martin, X., "Convergence", *The
Journal of Political Economy*, Vol. 100, No. 2, 1992a, pp. 223 –
251.

[6] Barro, R. J. and X. Sala – I – Martin, *Economic Growth*, New
York: McGraw – Hill, 1995.

[7] Barro, R., "Government Spending in a Simple Model of Endoge-
nous Growth", *Journal of Political Economy*, Vol. 98, No. 5,
1990, pp. 102 – 112.

[8] Barro, R., "Economic Growth in Cross Section of Countries", *Quar-
terly Journal of Economics*, Vol. 106, No. 2, 1991, pp. 407 – 444.

[9] Bert Hoffman and Susana Cordeiro Gurra, Fiscal Disparities in East
Asia: How Large and Do They Matter? http: //siteresources ·
worldbank · org/INTEAPDECEN/Resources/Chapter – 4 · pdf.

[10] Buchanan, J. M., "Federalism and Fiscal Equity", *American E-
conomic Review*, Vol. 40, No. 4, 1950, pp. 583 – 599.

[11] Chernick, Howard, "Fiscal Capacity in New York: the City ver-
sus the Region", *National Tax Journal*, Vol. 51, No. 9, 1998,
pp. 1531 – 1540.

[12] Christopher Lindley, "Changing Policy Management Responsibili-
ties of Local legislative Bodies", *Public Administration Review*,

Vol. 35, No. 11, 1975, p. 1797.

[13] Engen, E. M., Jonathan Skinner, Fiscal Policy and Economic Growth, NBER Working Paper, No. 4423.

[14] Fields, G. S., and Ok, E. A., "The Measurement of Income Mobility: An Introduction to the Literature", in Silber, J. (eds), *Handbook of Inequality Measurement*, Kluwer Academic Publishers. 1999.

[15] Fields, G. S. and G. Yoo, "Falling Labor Income Inequality in Korea's Economic Growth: Patterns and Underlying Causes", *Review of Income and Wealth*, Vol. 46, No. 2, 2000, pp. 139 – 159.

[16] Fields, G. S., *Distribution and Development: A New Look at the Developing Worlds*, The MIT Press, 2001.

[17] Fields, G. S., *Does Income Mobility Equalize Longer – term Incomes? New Measures of an Old Concept*, Cornell University, 2005.

[18] Gabriel A., Almond, Bingham Powell, *Comparative Politics: A Development Approach*, Boston: Little, Brown & Co., 1966.

[19] Guy D. Spiesman, Gary Dean Hulshoff, Sam Al McConnell, Legislative Staff, The Equalizer in state Government, Final Report of the Human Resources Services Staffing Demonstration of the Arizona State Legislature, U. S. 1978.

[20] John. F., "Economic Development of the Provinces in a National Perspective", *Dalhousie Review*, Vol. 15, No. 4, 1963, pp. 50 – 60.

[21] John P. Coleman, Local Government Viability, Paper presented at American Society for Public Administration National Conference, Chicago, 1975.

[23] James Edwin Kee, *Fiscal Decentralization: Theory as Reform · V Congress International del CLAD sober la Reform del Estado y de la Administration Public*, Panama, Washington DC: 2003.

[24] Kanbur, Ravi and Xiaobo Zhang, "Which Regional Inequality: Ru-

ral – Urban or Coast – Inland? An Application to China", *Journal of Comparative Economics*, Vol. 27, No. 4, 1999, pp. 686 –701.

[25] Koenker, R. and Bassett, G. , "Regression Quantiles", *Econometrica*, Vol. 46, No. 1, 1978, pp. 33 – 50.

[26] Kanbur, Ravi and Xiaobo Zhang, "Fifty Years of Regional Inequality in China: a Journey Through Central Planning, Reform, and Openness", *Review of Development Economics*, Vol. 9, No. 1, 2005, pp. 87 –106.

[27] Ladd Helen F. , John Yinger, *America's Ailing Cities, Fiscal Health and the Design of Urban Policy*, Baltimore, MD: Johns Hopkins University Press, 1991.

[28] Landau Daniel, "Government Expenditure and Economic Growth: a Cross – Country Study", *Southern Economic Journal*, Vol. 49, No. 3, 1983, pp. 789 –792.

[29] Landau Daniel, "Government and Economic Growth in the Less Developed Countries: an Empirical Study for 1960 – 1980", *Economic Development and Cultural Change*, Vol. 35, No. 1, 1986, pp. 35 –75.

[30] M. Smart, "Equalization and Stabilization", *Canadian Public Policy*, Vol. 30, No. 2, 2004, pp. 195 –208.

[31] Mankiw, Rome and Weil, "A Contribution to the Empirics of E-conomic Growth", *The Quarterly Journal Economics*, Vol. 107, No. 2, 1992, pp. 407 –437.

[32] Merriman, D. and Skidmore, M. , "Convergence in State Government Monetary Union", in Mairo, B. and T. Ter – Minassian (eds.), *Macroeconomic Dimensions of Public Finance*, Routledge, 1997.

[33] Montinola, G. , Y. Qian, B. R. Weingast, "Federalism, Chinese Style and Political Basis for Economical Success in China", *World Politics*, Vol. 48, No. 10, 1995, pp. 175 –180.

[34] Musgrave, R. A. , *The Theory of Public Finance*, New York, McGraw Hill, 1959.

[35] Oates, W. E. , *Fiscal Federalism*, New York: Harcourt Brace Jovanovich, 1972.

[36] Oaxaca, R. L. , "Male – Female Wage Differential in Urban Labor Markets", *International Economic Review*, Vol. 14, No. 3, 1973, pp. 693 – 709.

[37] R. Boadway, D. Wildasin, *Public Sector Economics*, Boston, A: Little Brown Press, 1984.

[38] R. Boadway, M. Hayashi, "An Evaluation of the Stabilization Properties of Equalization in Canada", *Canadian Public Policy*, Vol. 30, No. 1, 2004, pp. 91 – 109.

[39] R. T. Lenz, "Strategic Capability, A Concept and Framework for Analysis", *Academy of Management Review*, Vol. 12, No. 4, 1980, pp. 1225 – 1234.

[40] Richard W. Tresch, *Pbulic Finance*, Business Publications, Inc, 1981.

[41] Sala – I – Martin, X. , *The Classical Approach to Convergence Analysis*, Working Paper, 1995.

[42] Shorrocks, A. F. and D. Slottje, "Approximating Unanimity Orderings: An Application to Lorenz Dominance", *Journal of Economics*, Supplement, Vol. 77, No. 1, 2002, pp. 91 – 117.

[43] Shorrocks, A. F. , "Inequality Decomposition by Factor Components," *Econometrica*, Vol. 50, No. 1, 1982, pp. 193 – 211.

[44] Shorrocks, Anthony F. , "The Class of Additively Decomposable Inequality Measures", *Econometrica*, Vol. 48, No. 3, 1980, pp. 613 – 625.

[45] Shorrocks, Anthony F. , "Inequality Decomposition by Population Subgroups", *Econometrica*, Vol. 52, No. 6, 1984, pp. 1369 – 1385.

[46] Solow, R. , "A Contribution to the Theory of Economic Growth",

The Quarterly Journal of Economy, Vol. 70, No. 1, 1956, pp. 65 –94.

[47] Tao Zhang, Hengfu Zou, "Fiscal Decentralization, Public Spending, and Economic Growth in China", *Journal of Public Economics*, Vol. 67, No. 2, 1998, pp. 221 –240.

[48] Tiebour C. , "A Pure Theory of Local Expenditure", *Journal of Political Economy*, Vol. 64, No. 5, 1956, pp. 416 –424.

[49] Tsui, K. , "Local Tax System, Intergovernmental Transfers and China's Local Fiscal Disparities", *Journal of Comparative Economics*, Vol. 33, No. 1, 2005, pp. 173 –196.

[50] Yin Heng, "Fiscal Disparities and the Equalization Effects of Fiscal Transfers at the County Level in China", *Annals of Economics and Finance*, Vol. 9, No. 1, 2008, pp. 87 –121.

后 记

当敲完书稿的最后一个字时，我不仅没有感到解脱和放松，反而觉得更加的任重而道远。本书是在我博士论文的基础上经过修改而来的。选择以转移支付和县级财力作为研究方向对我来说是一个巨大的挑战。一方面，目前对县级财力研究的文献相对较少，形成体系的实证方面的研究更是匮乏，使我在收集和整理文献时常感到捉襟见肘。另一方面，数据收集、整理和分析需要花费大量的时间。由于目前中国县级建制共有2800多个，十几个变量以5年为观察期，意味着我要面对十几万个数据。更为困难的是，目前的县级财政数据没有电子版，我需要把纸质版数据转化为PDF格式，再转化为Excel格式，然后一个一个地逐字核对。如此庞大的数据，光是整理和分析就差不多用掉我整整三个月的时间。这三个月是相当枯燥乏味的日子，我几乎一个字都没有写，每天打开电脑面对的是密密麻麻的数据和表格，每晚闭上眼睛仍旧是满眼的数字在飞。即使把数据处理完毕，要想在如此庞杂的数据中整理出一个清晰的线索，提炼出明晰的观点，对我而言仍然不是一件容易的事情。

所幸，在学习和研究的整个过程中，我得到了老师、同学和朋友们的大力帮助，是他们鼓励着我前进，丰富了我的生活，激发了我的灵感。我的博士生导师中南财经政法大学财税学院的刘京焕教授对我的成长倾注了大量的心血。当初选择这个研究方向，师父给了我巨大的支持，他说，这是一项极为艰巨的任务，我可能会用比其他同学更多的时间去完成几乎同样字数的文章，但是，他认为选择以县级财力作为关注焦点更有挑战性，更贴合实际，更具有实践意义。在他的鼓舞下，我可以说甩开膀子"奋发"起来。时至今日，师父第一次指导我怎么做一篇好论文的场景，第一次听师父《财政学》课程时的启发和激动，第一次提交论文给师父看时的忐忑以及看到他逐字逐句修改稿时的感动，第一次和师父谈起自己的人生规划时他给予的点拨，我依旧历历在目。

师母刘嫩红老师对我的帮助可谓是另一方面的。师母深知作为一个年纪半大不小的女子出来攻读博士学位实属不易，她时时刻刻无不关心着我的身体和家庭，总是叮嘱我，要照顾好自己的身体，要合理平衡各方面的关系和时间。师母的细心和关爱，让我在千里之外仍能够感受到家的温暖。

除此以外，杨灿明教授、钟晓敏教授、陈志勇教授、侯石安教授、庞凤喜教授、甘行琼教授、艾华教授、王金秀教授、孙群力教授等老师给予了我无私的帮助，总是不厌其烦地回答我的问题，甚至是手把手地教我，让我感受到了为人师表的真正含义，感激之情溢于言表。同时，还有我硕士生导师西南财经大学财税学院的尹音频教授，虽然离开光华园七年了，但是尹教授给予我的启发和影响却终生难忘。

文章写作过程中，离不开同门以及同窗好友们的支持和鼓励。李正旺博士、王宝顺博士、张霄博士、管彦庆博士、王丽博士、符海玲博士、潘孝珍博士、吴磊博士、曹润林博士、张超博士、马长微博士、史蕾博士等在我工作、学习和生活中给予我巨大的支持和帮助，他们参与我的讨论，开拓我的思路，发散我的思维，给我提供宝贵的参考资料和修改意见。在数据的整理过程中，也得到了涂志梁同学和朱晓筠同学的大力协助，在这里一并感谢。除此以外，还有我工作单位的领导和同事，他们在整个学习过程中给予了我充分的理解，使我能够全身心地投入到学习和研究中，能够有更多时间进一步思考。

当然，更为重要的，是一直以来支持我、陪伴我的家人和朋友。还记得在我小学的时候，我的父母曾经半开玩笑地对我说，只要闺女愿意读书，读到老，他们养到老。现在，他们的闺女确实已经读到三十而立了，但是相比其他身为儿女的，我却没有在物质上回报给他们什么，甚至没有多少时间陪伴他们，这让我感到相当惭愧。感谢我的先生许明江，他不仅为我解决了后顾之忧，更用爱和包容，给了我宽广的个人空间。他无私的爱，为我打开了另外一个丰富的人生，为我的精神和灵魂找到了新的追求和归宿。感谢那些我不能一一提及的朋友们，"我们背靠背，一起往前飞"，这是对真心以待的所有人最好的描述。

同时，我还要对中国社会科学出版社的编辑老师们表示诚挚的感谢，没有你们的辛苦工作，就没有本书的面世。

最后，书稿的写作是一个繁杂的过程，由于本人知识结构和能力的欠缺，对某些问题的看法可能有所偏颇，也可能不够深入，还请各位老师和同仁不吝赐教。

徐艺

2016 年 1 月于贵阳黔灵山下